增訂版

激起追求知識的熱情，開啓探索未來的渴望！

我做專題研究，學會獨立思考！

高中生的專題研究方法

臺北市建國中學人文社會科學資優班首任召集人
2011年教育部師鐸獎

黃春木 著

CONTENTS

第 **1** 部

像哲學家一樣去思考：
什麼是專題研究

第 **2** 部

像科學人一樣做研究：
如何制定研究計畫

第 **3** 部

像作家一樣謀篇布局：
在寫作中展現思想

CONTENTS

第 **4** 部

像創客一樣取精用宏：
從資料中探索證據

自序
向世界發出提問

這幾年來，臺灣不少中小學老師開始要求學生進行探索、研究的活動，而且學生必須蒐集資料，有據有論，不能閉門造車。

但臺灣的學生怎麼蒐集資料、完成老師指定的功課呢？

很大的一個比例是借助 google，如果剛好有維基百科可以參考，那就更完美了。緊接著的工作就是湊個兩三篇資料，複製、貼上。其中稍稍認真的學生還會略事編排，整理一下格式。下焉者，錯別字一大堆，標點符號有全形、有半形，字體也不統一，正體字、簡體字並陳，而且經常幾筆資料的觀點是矛盾的，或者根本就文不對題、前後段內容沒有關聯。更糟糕的是沒有註明資料來源，已經侵犯著作權而不自知。

自然，這是一份頂多屬於「C」或「丙」水準評等的功課。

整體來看，「交差了事」是最鮮明的心態，除了與升學相關的讀書考試之外，許多學生和家長傾向於把無關的「其餘類型」功課視為多此一舉，直覺定調是學生不應該做的事情，即使他們同意這是重要的學習，一切也都得先等到考上「好」學校之後再說。

勇於抗衡這種「升學主義」的偏頗心態，肯定探索、研究行動的教育價值，且願意「不辭勞苦」指定這類功課的少數老師當中，可惜的是，有一部分的人卻沒能在事先仔細地教導學生如何蒐集和運用、引用資料，如何準備和展開探索、研究的行動。學生繳交功課之後，常常也只是給一個成績，沒有回饋、指導，提供修改的建議。

上述這種沒有指導或不知如何指導的現象，其實不只存在於中學，甚至在大學或研究所階段也不罕見。

　　因此，我常常在想，既然老師和學生都為了「探索、研究」的功課花下心力，為何不設法讓這整個學習或指導的歷程更加順利、周延呢？我們總不能等到學生交出一份不知所云的作業，然後順勢送給他們大大的「C」或者「丙」吧！如果能夠避免師生一起淪落到這個地步，當然是最為上策之事。

　　就在這幾年逐漸發展的「專題研究探索」風潮中，我一方面看到許多值得欣喜的成果、令人敬佩的老師和讓人肯定的學生，但另一方面也發現不少迷思與困境。不僅我看到了，一些在教學現場注重學生啟發、自主學習的老師們也看到了，在某一些場合裡，志同道合的我們聊起關於「專題研究探索」的話題，就會覺得欠缺一本可以提供給中學老師和學生參考的書籍。市面上現成有許多這類型的書籍，但主要是寫給大學生或研究生看的，而且幾乎都是翻譯來的，翻譯品質良莠不齊，老師自己讀起來都覺得吃力，更重要的是，讓中學生「吞」這些針對學位論文研究而寫的參考書籍，合用性其實並不高。

　　在如此情況下，於是催生了這樣一本旨在提供給中學生（或第一次進行專題研究與寫作的人），以及指導老師們的參考書籍。

　　我自己對於專題研究（研究方法）的著迷，始於碩士班一年級。在下學期即將結束時，每一個人都必須提交研究計畫在課堂上報告，並接受老師和同學們的提問指教。也不知哪來的福至心靈，當時對於每一位同學計畫中的問題意識、研究方法和研究的規劃設計等，幾乎都能提出具有參考價值的意見，老師當場給予肯定，學期成績出來，這門課也拿了很不錯的分數。其實，那時候都說了些什麼，早已經不復記憶了，但那種「淋漓盡致」的感覺，至今仍異常鮮明。

　　之後就讀博士班時，對於了解同學們各種類型、主題的研究，一直都興趣盎然，加上自己讀的東西也雜，經常在臺灣師範大學總圖書館各個

樓層、國文和歷史系所圖書館四處穿梭，而且因兼課之便，又能就近利用臺灣大學總圖書館，涉獵的領域主要涵蓋了教育學、歷史學、哲學、社會學、政治學等。

回到高中母校——建國中學任教這二十年來，因為協助規劃科學班的課程、教導數理科學資優班和科學班學生，以及參與國家科學委員會兩期共六年的「高瞻計畫」，因此與數學和自然科學領域的同事有非常深入、長期的互動及合作。又因為參與人文及社會科學資優班的規劃，以及成班之後十餘年來的課程教學工作，因此與中央研究院、各大學人文學及社會科學領域的學者有諸多交流、請益。此外，起於第一期「高瞻計畫」的因緣，參與了教育部顧問室「科技與社會」（Science, Technology, & Society）中程綱要計畫，又結識一些跨領域、深富創造力的學者。回顧這十來年的經歷，實在擁有太豐富的機會，得以觀察、體會、學習不同學科背景的人是如何看問題和想問題。能夠欣賞不同學科向世界發出提問的視野和方法，這真是一件多麼享受的事情！

日積月累，這些經歷逐步沉澱、轉化成為我在人文及社會科學資優班「專題研究」課程與教學規劃的憑藉，也成為與許多友校、不同領域背景老師們交流分享的材料。我深深了解，有這麼多看待世界的視野和方法，我們才可能避免「瞎子摸象」的侷限。我們向世界，也給自己發出了提問，所以，學習知識、探索真相、認識自己的行動才得以切實展開。

本書得以完成，有著多年來在教育專業工作上歷事練心的機緣，以及審時度勢，覺得應該為「研究、探索」之類課程在中學的紮根奉上一份心力的體認。當然，更應該感謝過去十幾年來在專題研究課堂上參與的學生，以及一起指導學生進行研究和寫作的同事們。我在這個課堂上的要求向來嚴格，學生得付出不少心力。從交出來的功課和課堂上師生的問答討論中，讓我能夠清楚地知道學生們的能與不能、知與不知的所在。來自同

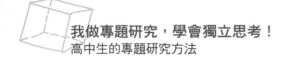

事們諸多的質疑和指教，也是造就這本書相當重要的元素，沒有他們的回饋，我將會一直「自我感覺良好」，重蹈覆轍也不自知。

增訂版序
讓我們繼續獨立思考

《我做專題研究，學會獨立思考！》於2016年出版，短短幾年間，中小學教學現場發生了不少轉變，而以「素養導向」所引領的趨勢最為顯明。隨著「108課綱」在2019年實施，以及「素養評量」在國中會考、大學入學考試比重的提升，加上高中「學習歷程檔案」的檢視，相當重視自主學習、分析及界定問題、解決問題等學習經驗的價值，這都大大促進我們對於思辨、探究、實作等「素養」的關注，已不再如同過往，僅停留於紙上談兵，或少數菁英學生的行動，逐漸成為中學生都應該學習的重點。

不過，多數教師對於如何引導學生進行專題研究、探究與實作，或者練習學術寫作，相關專業知能沒有很充足，而學生們基於學習需求或升學的考量，雖然不再視為「沒有用的東西」，但對於如何進行思辨、探究、實作，一時之間卻是不得其門而入。這或許就是《我做專題研究，學會獨立思考！》得以增訂再版的原因。

身為作者，自然珍視如此難得的機會。一方面，以臺灣目前書市景況，一本書得以增訂再版，是不太容易的；另一方面，則是這些年來，我對於如何引導學生進行專題研究、探究與實作、學術寫作等學習的教學心得繼續成長，如今回顧2016年版本，或是客觀環境的改變，或是觀念與方法的更新，這都使得修改增刪的需求是存在的。

在COVID-19大疫肆虐之際，秉持「不停學」的理念，我繼續在兩門課程中，分別引導高一、二學生進行專題探究，熟練「閱讀理解」、「批判思考」及「論證寫作」等基本能力。同時間，檢視2016年版本，做了

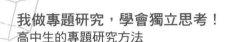

相當幅度的修改增刪。衷心期盼，藉由這本小書，能夠有助於青年學子，
經由清朗的思慮和嚴明的論述，奠定在變遷世界中足以因應，乃至求好，
昂然自立的厚實基礎。

　　在此，要特別感謝本書責任編輯陳思帆小姐，這幾年來承蒙她的協助
和鼓勵，使得許多想法與經驗得以化為文字，進行分享與交流。

寫作緣起
為學習而研究

在我的「專題研究」課堂上的學生是高一新鮮人，剛剛滿十五歲，絕大多數人在國中的時候都蒙受讀書考試的枷鎖，然後突然之間面臨自主學習、獨立思考的要求，其間的轉變與不可免的衝擊，頗為重大。

不少學生日後回想高中生活，都覺得高一的專題研究課程對他們的影響很大，但我自己始終明白，仍有一部分的學生並沒有在這門課程上獲得太大的成就感。雖然，我也很清楚，要讓全部學生都有可觀的收穫，需要很多條件的搭配，但身為老師，我當然還是有責任盡力將自己的本分做好。而把平日上課的內容具體呈現出來，應該是其中一件可以努力的事情。

當然，會讓我起心動念撰寫本書，還有一個原因。有些學生在高二真正進行專題研究與寫作時，部分基本觀念卻沒搞清楚，當他的指導老師質問時，少數學生竟會回答說：「高一時，老師沒教。」於是，就有那麼幾次，不同的指導老師跟我談起一樣的「高一時，老師沒教」話題，讓我覺得很錯愕、生氣。但情緒一過，不免會反省，下回這些個部分要特別注意、多加強調。

幾年下來，「高一時，老師沒教」的問題還是零星出現，這對於我在課程上的持續改進，都是助益。現在，學生們陌生、誤解、感到艱困、常犯下的錯誤等，都轉化為這本書中不少講解上的重點，白紙黑字寫了下來。日後，「高一時，老師沒教」的卸責之詞，或許就可以消除了。而確實的「高一時，老師沒教」之指教，將會是本書後續修改、增補的動力。

此外，我曾經在一些場合分享「專題研究」指導上的心得，有些家長

和友校老師都感到興趣，覺得學生能學習這樣的課程，真是幸福。接著，他們就會希望我能夠再多分享一些，甚至希望安排後續的交流活動。

由此我不免設想，如果這些經驗真是有價值的話，那麼就某種意義而言，本書的分享是在企圖實踐一種公平性，希望拉近因為不同經驗與能力的老師在指導中所可能存在的落差或偏誤，讓更多學生可以藉此受惠，不至於花了許多心力，卻事倍功半。

就專題研究而言，中學生在數學或自然科學方面所使用的研究方法，以及在寫作及表達方式上，都各有相當一致的標準和出入不大的模式，他們最要費心面對的考驗，是如何完成理想的研究設計來回答自己的提問。社會科學中的量化研究及其論文寫作和表達方式，通常也都有類似數理學科的模式，以及面臨的考驗。

走文、史、哲領域研究的學生，通常在研究方法上也不會再特別強調，因為各有其特定的取徑，譬如做歷史研究的學生，不會再明言是「採用歷史研究」。不過，這些人文學領域作品在寫作及表達方式的差異性就很高，個人風格或個別論文架構十分多元。

至於社會科學走質性研究典範的論文，無論研究方法、或者寫作及表達方式，可說是呈現了最為明顯的個殊性。換言之，整個研究的定位、取徑、架構和歷程等，將是一連串慎思明辨的選擇。

上述這些比較，是多年來觀察所見的概略性看法。不同領域研究與寫作方式上的差異，就只是「不一樣」而已，彼此之間沒有高下難易之分。但就本書的寫作而言，很難在有限篇幅中滿足各種類型研究及寫作的需求，自然得有所定位和取捨。本書最關切的，主要是「基本觀念」的建立與「一般性方法」的指引，並沒有特別針對哪一種研究領域來限定，但對於準備練習社會科學探索、研究的學生而言，還是會有較多的參考價值。原因很簡單，因為這些學生面臨「研究方法、寫作及表達方式」的選擇，比較複雜一些。

　　不過，應該要釐清的是：中學生學習做專題研究，目的不是要成為某一個領域的專家學者。我始終認為，「專題研究」的課程目標，是藉著進行研究的過程，引導學生增進自己的閱讀、思考和寫作能力。換言之，不是「為研究而研究」，是「為學習而研究」。更精確地說，是「為閱讀、思考和寫作而研究」，做專題研究是一種策略或歷程，真正的目的是促進閱讀、思考和寫作能力的精熟。

　　因此，本書並非一本教導研究方法，或者相關技術與工具的專書，而是一本協助學生從專題研究「做中學」，鍛鍊閱讀、思考和寫作能力的書籍。

　　其實，我的學生們畢業多年後回想，覺得當年高一專題研究課程對他們的影響很大，他們所謂的「影響」，絕對不是在研究方法上的訓練，而是在閱讀、思考和寫作能力上。或者說，是在提問、實作和溝通表達能力上的增長。也因此，學長們才會一再地跟學弟說，「專題研究」學好，對於準備考試，絕對是加分的，因為閱讀、思考和寫作能力大大提升了。

　　說到有利於考試加分，似乎流於世俗，學生們在一開始進行專題研究，自然不是為了這個目的，只是後來發現有這個意外效果罷了！但就我而言，這不算意外。這些年來，我越來越覺得要把考試考好，中人以上的智商也就可以了，但關鍵不在反覆練習、記誦多少次，或者寫多少張考卷，而在於統整理解了多少。具體而言，是讀書方法和態度在產生決定性的作用，而非智商，或者某某名校的招牌。

　　專題研究，真正鍛造的就是方法和態度，在完成專題研究的練習之後，看待世界、知識與學習的方式就不一樣了。所謂「脫胎換骨」，是一個十分恰當的比擬。

　　希望本書以下所探討、分享的內容，可以讓大家在閱讀、思考和寫作上，從此有了「別開生面」的新境界。

第 **1** 部

像哲學家一樣去思考

● 什麼是專題研究 ●

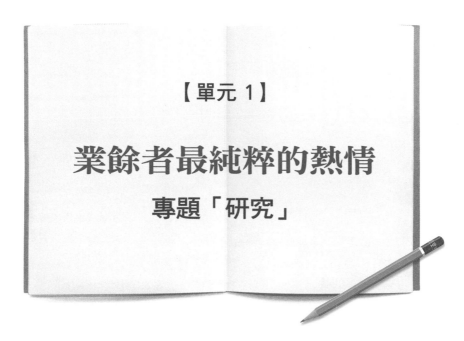

【單元 1】

業餘者最純粹的熱情
專題「研究」

「研究」是什麼？

何謂「專題研究」？就高中生或高中老師而言，這必須拆開成兩個問題，首先，何謂專題「研究」？其次，何謂「專題」研究？

以下先談談何謂專題「研究」？一開始，先說一個小故事。

二〇〇五年，幾位很認真的高一學生為了準備我交代的功課，決定穿著便服混進某國立大學的圖書館蒐集資料，但大概是樣貌稚嫩、舉止生疏，最後形跡敗露，被請了出來。當時察覺異狀的人是身兼圖書館主管職的教授，他一方面說明沒有開放給高中生使用的規定，另一方面則期勉學生把書讀好，等考上一所好大學之後，再來做研究。

學生們又沮喪、又生氣地告訴我這件事情，但不免疑惑，那位大學教授為何認為高中生不必做研究？他所謂「研究」，指的是什麼？

有趣的是，在這件事情發生之後不久，我問了我在臺灣大學兼課的班上學生類似的問題，「你們最近在做什麼研究？」我的學生主要是歷史系

三、四年級生，他們多數人的回答出乎我意料之外，大致的意思是：他們只是寫報告，「做研究」不是研究生的事情嗎？

我知道這群優秀大學生的回答並非推託，而是謙虛。做研究、寫論文是何等重要、偉大之事，他們的能力、學識還遠遠不足。

如果連臺大歷史系優秀的高年級生尚且不能做研究，那小小的高一學生何德何能呢？

何謂「研究」？顯然是解開這一個謎團的關鍵所在。

仔細想一想，大學生所謂「研究」，主要的意思應該較為接近「學位論文研究」；至於那位圖書館主管口中的「研究」，指的可能是蒐集文獻資料、完成一篇論述，以回答一個問題。

高中生所要進行的專題研究，應該就是那位圖書館主管口中的「研究」，整個過程細部來看，至少包括「提出問題—蒐集資料—運用知識解讀資料—取捨與組織資料—確立合用的論據—進行寫作—形成有邏輯的論證—提出發現而回答問題」等八項要件。

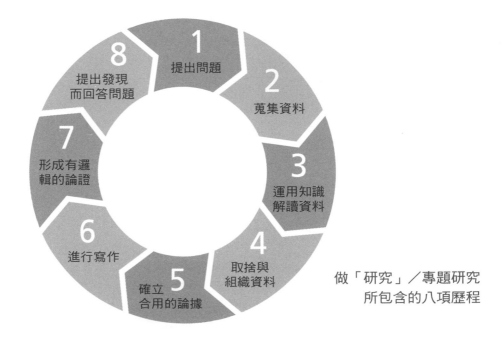

做「研究」／專題研究
所包含的八項歷程

「研究」能力

如果大家一看，當下覺得怎麼這樣子講究，高中生做得到嗎？會不會「揠苗助長」、「弄巧成拙」啊？

簡媜曾經在二〇〇七年發表過一本十足轟動、迄今歷久不衰的書：《老師的十二樣見面禮：一個小男孩的美國遊學誌》，書中記錄她就讀小學五年級的孩子在美國遊學一年的經歷。簡媜相當驚訝，也十足感慨地提到那所兒子就讀的小學不遺餘力地培養學生許多在學科「之外」、「之上」的能力，其中有兩種能力和我們現在討論「高中生進行專題研究」的議題有關：

一、研究能力

1. 能從相關問題中找出研究主題
2. 能多元地蒐集資料
3. 能有效地傳遞所學知識
4. 能恰當地運用技術
5. 能利用圖書館增強學習

二、思考能力

1. 能學習研讀與主題相關的資訊
2. 能有效地運用知識
3. 能省思並且做決定

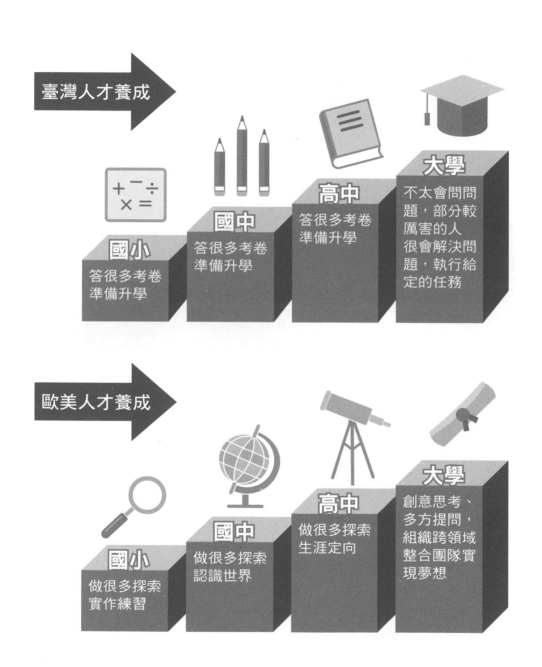

臺灣人才養成

國小
答很多考卷
準備升學

國中
答很多考卷
準備升學

高中
答很多考卷
準備升學

大學
不太會問問
題，部分較
厲害的人
很會解決問
題，執行給
定的任務

歐美人才養成

國小
做很多探索
實作練習

國中
做很多探索
認識世界

高中
做很多探索
生涯定向

大學
創意思考、
多方提問，
組織跨領域
整合團隊實
現夢想

臺灣與歐美各學習階段人才養成的目標差異

　　簡媜的孩子十歲，小學五年級學生，學校對於這些學科「之外」、「之上」的能力評量有三個等級，包括：SE（Strongly Evident）、DV（Developing）、EM（Emergent）；學期結束時，他都拿到SE或DV。

　　所以，讓我們換個方式設想：如果，拿那份關於研究能力和思考能力的清單來評量現在臺灣的高中生，有多少人可以具體而充分地達成要求，拿到SE呢？

　　我曾經拿了這份能力清單，但先刻意不說明來源是美國某個小學的資料，請教許多不同學校的老師、家長、學生後，幾乎全部的人都同意，這些能力根本就是人生在世，無論生活或工作的必需。等到他們知道這是「小學水準」時，莫不驚訝，乃至感慨。

　　於是，我們可能得要評斷，這些重要的能力，臺灣的孩子該在什麼時候開始學習、如何學習？學校該在什麼時候開始培養、如何培養？

　　「能省思並且做決定」，這可是美國小學對於五年級孩子的要求喔。

高中生能做什麼研究

自從建國中學人文及社會科學班開始籌辦以迄今日，將近十年來，我一直聽到一個疑問：「人文社會科學領域」有資優生嗎？提出這質疑者，多半是從高智商高成就，特別是數理邏輯的傳統觀點設想，並且經常抱持一種「完美主義」的求好心切，於是在理想與現實的重大落差中，不安或失望因而產生。無論這樣的情緒是萌發於老師或學生，潛在風險都不小。

建中人社班的設立按照政策與法令規範，依循的是《特殊教育法》，經過一連串測驗與多元鑑定過程而完成篩選，入班者即是「資優生」。由於就學之後，在認知、情緒、生理上的不同步發展，加上學習、生活與人際互動等適應問題，或者源自早年學習經驗而傾向形成過高、不切實際的自我期許等，在在使得部分學生的表現不符理想。此外，身心障礙者「同時也可以是資優生」的觀念，尤其讓部分老師無法理解。因此，人社班的課程、教學、輔導與班級經營，無論老師或學生，都必然經歷一個疑惑、反思、澄清，與再定位的過程。

資優生未必每科都很厲害，影響考試成績的因素太多，例如學習態度、學習方法、時間管理等，往往都比個人的學習能力更會影響考試成績。何況，即使是資優生也與一般學生無異，有擅長的學習領域，亦有能力較為不及之處。此外，受到國家課程綱要與大學入學考試的影響，每個學期的學習科目總是多達十幾科，備多力分，顧此失彼，在所難免。

不過，歷經高一整年的摸索之後，老師和學生通常都能夠逐步修正調適，尤其學生經過轉出與轉入的「淬煉」，高二、高三全班的默契、表現

與承諾（commitment）逐漸顯明，我們期待的資優特質，譬如好奇心十足、背景知識豐富、喜歡閱讀、表達能力佳、學習速度快、對於有興趣的事物能持久專注、觀察敏銳、理解及類推能力強、樂於接受挑戰等，開始齊備。這是教育的成就，亦是學習的成就，斷難不教、不學而成。專題的寫作，最能展現學生這樣的特質與成果。

　　第六屆學生在人文社會科學研究之外，有部分人嘗試進行多樣態的文學創作，傳達對於自我與這個世界的觀察與感悟。但即使是創作，他們先前的寫作計畫與準備也是相當嚴謹紮實，絕非隨便之作。無論研究或創作，學生們的生命經由不斷的思考與實踐，更見其廣度與深度。

　　我不禁又想起多年來另一個常被指教的問題，「高中生能做什麼研究？」提問者有高中老師、學生家長，或者大學教授。關於這個問題的回答，其實不難。

　　我們希望透過專題研究（或創作），讓學生從做中學，親自領略做學問的心路歷程、鍛鍊真實的功夫。臺灣的中學生幾乎不被期望進行獨立思考，成天反覆背誦他人已經整理好的課本與講義，頂多只是在老師設定的框架中推敲，沒什麼機會闖進知識的浩瀚大海探險。大人們總是說等上了大學再說，但上大學之前，求知的渴望與本事幾乎已經摧殘殆盡，就連最簡單的期待或想像都沒了。

　　當然，人社班的教育不是要導向另一個極端，讓學生在毫無準備之下淹沒於知識大海中。我們不會拿研究生的規格來做出不切實際的要求，只是循序漸進，希望學生經過專題寫作的歷程，先成為一個「業餘」（amateur）人文及社會科學研究者。amateur是一個有趣的字，一部分的意涵是「不專業、沒受過正式訓練、外行」，另一部分的理解則是「沒有薪資酬勞、純粹愛好者」。我關注的正是後者。高中生透過專題的寫作，學習到的主要是態度、氣度及高度，喜愛知識、喜愛思考，喜愛將熱情化為文字，琢磨自己的身心靈。這門課程意在培養博雅之人，而非專業

之人，這是在上大學之前最為重要的訓練及體驗。

　　專題的寫作需要長時間的心力投入，並且與升學考試無直接相關，這是老師與學生共同的教育承諾，沒有功利的計算在裡頭，正是一件最為難能可貴之事。寫作的成果或許仍是參差不齊，還有待大家的指點，特別是學生自己日後不斷的反思。而我最真切的期盼則是：當學生們日後從事一個支領薪資酬勞的工作時，不要忘掉年少時那份業餘者最為單純的熱情！

資料來源：臺北市立建國高級中學第六屆人文及社會科學資優班學生專題研究論文集，召集人序，2012年。標題為後來加上。第六屆學生於98學年度入學，100學年度畢業（2009.8~2012.6）。

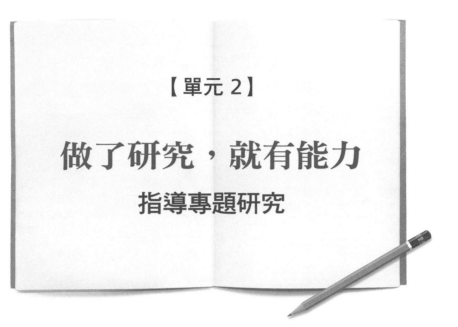

【單元 2】

做了研究，就有能力
指導專題研究

茲事體大

就許多老師而言，做研究、寫成論文這等事情，其實是何等重要，因此，指導高中生做研究寫成論文，可謂「茲事體大」！

在這樣的認知底下，有兩個常見的態度一直很令我關注，一是不贊成讓高中生「小孩玩大車」，當然，也就絕不可能指導學生做研究；另一個完全相反的態度，則是要求嚴格，巴不得將一身本事全傳授給學生。

之所以出現這兩種態度，原因相當複雜，但其中至少有一個共同的關鍵在於把做研究、寫成論文看得太嚴肅、太專業，因此直接的反應便是「在許多基礎未具備的侷限下，高中生不可能做好研究、寫好論文」。

有能力，才可以做研究？

在我多年的觀察中，始終拒絕指導學生做專題研究的老師，有一部分

人自己早已不再做研究了。有趣的是，其中有些人坦言自己能力不夠，無法做出好研究，因此怎可能指導學生做自己都做不來的事情呢？

　　對於抱持這樣態度的老師們，我曾經不止一次跟其中一些人討論到一個問題，「到底是先有能力，才可以做研究，或者是因為做了研究，所以才具有能力？」多數人面對這樣的問題，其實很難否定「因為做了研究，所以才有能力」的事實與意義。

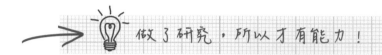

　　現在在中學任教的老師絕大部分具有碩士學位，少部分人甚至具有博士學位。但無論碩士或博士學位論文，說穿了，至多都只是成為學者過程中的練習之作。所謂「取得博士學位」的確切意涵，充其量只是「從今以後可以獨立做研究了，不一定非得要先找一位指導老師不可」。我們說學徒完成一件「精心傑作」，具體證明已經學會了師傅的本事，可以「出師」（離開師傅、成為師傅）了，這就是「博士」的意義。

　　換個角度看，博士學位論文未必有什麼了不起，這只是「愛智者」努力學習、試驗之後一個還算讓人滿意的成果，比較重要的是在過程中自己不曾假手他人，親自練習運用相關的知識及方法，對於自己提出來的問題做出了細密，且有見地的探討與發現。從「過程」而論，碩士學位論文的意義大致上也是如此，只不過碩士的程度還不夠，至多就是「初窺堂奧」而已，如果想要「出師」，還要繼續練習。

　　簡單來說，碩士、博士們都是因為持續做了研究，所以才逐漸有了能力，這正是一個「從做中學」的過程。至於高中生做專題研究的意義，其價值也是在此，就是「從做中學」、「行以致知」，或「用以致學」。透過「專題研究」這樣的過程，好讓自己的閱讀、思考、寫作能力更加精緻化。

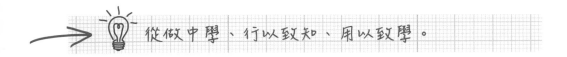

從做中學、行以致知、用以致學。

何時開始做研究？

當然，有人會主張，既然博士學位論文未必有什麼了不起，可見做研究、寫成論文這等事情是何等艱難，高中生怎做得來？這樣的討論或者辯論，顯然已經無法有交集了。剩下來比較值得繼續思考、溝通的問題應該是，「到底在學生生涯的哪一個階段開始練習做研究，比較適宜？」

要回答這個問題，顯然要注意兩件事情。

一件事情是目前在許多的小學早就開始引導中、高年級學生，提出一個「和生活情境有關、自己先前未曾思考過的」問題，接著練習查資料、記筆記，書寫和修改草稿，然後以多元的形式（例如口頭報告、寫故事書、製作圖畫小冊或有聲投影片、戲劇表演等）發表自己的發現。

儘管小學生能完成的作品可能是簡單的，但他們親自發現一個自己從未思考過的問題，以及經過找資料、讀資料、小組討論的過程，嘗試提出一個自己不曾了解的答案，還使用一種創意的方式呈現，設法讓老師和同學們了解，這不就是「研究」的本意嗎？其實高中生做專題研究，基本的目的也就只是這樣而已。

另一件值得注意的事情是：學生何時可以針對「自然科學」或「人文社會科學」課題的處理，進入「形式運思」（Formal Operational）的狀態，可以有足夠心智條件、認知能力來處理概念、原則、規律、異例、變遷，並開始能夠進行假設、推論、驗證，或者比較、分析、統整、評判？

比較確切的年齡，其實約是十五、十六歲左右。

若和皮亞傑（Jean Piaget，1896~1980）先前的研究相比，新的理解應是：不同的智能（intelligence）進入「形式運思期」的時間是不一樣的，其中，越是需要經驗材料的智能，進入「形式運思」狀態就會稍晚。

如果是純粹的語文或數學符號運思操作，能夠進行類推，出現有邏輯、抽象的思維，大約始自十一歲；但是，像生物學、社會學、歷史學這種需要大量的親身觀察、多元資訊彙整、實地操作，或者生活經驗、人事歷練的反思內省為基礎的智能，大約需要到八、九年級，或升上高中時，才有辦法開始進行邏輯、抽象、系統、脈絡化的思維。

　　從指導做專題研究的角度來看，高中生多元智能的成熟度已經更加齊備，如果我們的課程、教學和評量卻是繼續「誘導」、「迫使」學生死記硬背，扼殺了他們發展、運用高層次思考能力的機會，這若不是摧殘民族幼苗，那什麼才是摧殘民族幼苗？

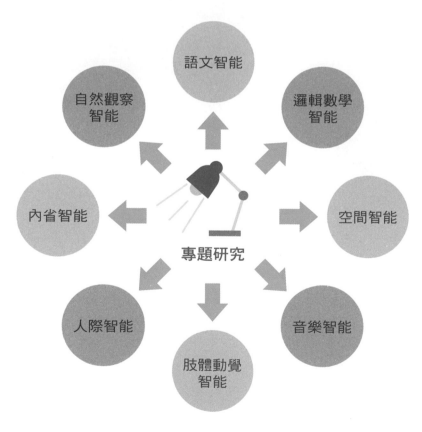

透過專題研究的實作練習，可多元增進各方面智能

有辱師門？

　　我們還一直沒有提到那些會嚴格要求學生做專題研究、巴不得將一身本事全傳授出來的老師們。

　　「嚴格要求」，當然是有道理的，做任何事情本來就應該專注，且抱持強烈的成就動機，絕不混水摸魚、得過且過。何況，臺灣的學生鮮少做專題研究，自然更需要老師的嚴格提點。

　　但這些年來倒是發生過兩種狀況，讓我們不得不對「嚴格要求」有了新的領會。簡單來說，一種狀況是專題研究時程即將告一段落，緊接著是公開發表，但學生卻始終無法達到指導老師的要求，於是指導老師拒絕在學生作品上打出姓名，以免損了自己的名聲。另一種狀況是，指導老師預知學生的不足，在幾個關鍵時刻出手、深度介入，讓學生作品有遠高於其原有水準的表現。

　　兩種狀況看似矛盾，但其中多多少少出自於一個十分相近的立場：愛面子，或者「輸人不輸陣」。

　　從教育的角度來看，拒絕承認「指導老師」的身分，或者代為操刀，都是在強烈地否定學生。學生若連起碼的表現都無法達成，老師該做的事情，應該是：「引導學生反省在過程中所出現的問題、犯下的錯誤」。

　　其實就一個認真、且有經驗的指導老師而言，研究過程中的許多關鍵往往都曾反覆提醒過，但學生或許漫不經心，或許自以為是，總之未曾認真看待老師的提醒，等到最後問題大了，這才終於了解老師當初的用意。此時，引導學生自行反省，或許效果才終於出現。

　　我始終認為，對於高中生做專題研究，不必要完全以結果論英雄，畢竟他們只是高中生嘛！研究做得不好未必是問題，如果學生能真切理解這個「失敗經驗」的緣由與意義，我們還是要予以肯定的。

　　因此，何不讓學生將這樣的反省寫進他的作品裡？譬如說，建議學生以「反思和檢討」之名，用一節的篇幅，坦誠檢核自己的專題研究。如

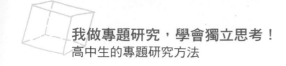
此一來，學生有了真正屬於其認知意義的成長，而老師也不虧「指導」之名。

「失敗經驗」也深具教育意義。

指導高中生進行專題研究的心態

首先，老師們應該要設身處地來衡酌的是，絕不能直接以研究所的學位論文指導來想像高中生的專題研究指導，因為主客觀條件差別太大。指導高中生進行專題研究，老師們的角色應該要恰如其分地設定為「第一讀者」。

身為「第一讀者」，其實許多老師們是與學生一起學習的，提醒進度的掌握，引導思考和討論架構的合理性、論點的周延度、資料的證據力，或者探詢可能提供協助的學者專家、聆聽有參考價值的演講、提供文字或圖表刪修的建議等，師生們就草稿彼此討論批判，從「粗」稿到初稿，再逐次精鍊，而成定稿。

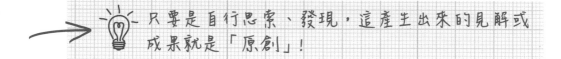只要是自行思索、發現，這產生出來的見解或成果就是「原創」！

在專題研究寫作過程中，學生們只要能夠去思索、發現，在整理消化之後，自己產出想法及見解，這就是「原創」。老師身為「第一讀者」，其實就是「陪伴者」及「支持者」，多多鼓勵、協助學生領略與品味研究的歷程，抱持信心，投入這個「原創」的歷程；在這可能是學生們人生當中第一份嚴謹的論述中，磨練出認真思考和寫作應該有的本事與態度。

　　「過程」和「態度」是最重要的，至於成果展現的形式和品質，只要確認作品的完成沒有抄襲或找槍手作假，何妨就抱持著較為開放、包容的立場，允許一些個別差異；畢竟，在升學主義風氣依舊瀰漫之際，學生們願意堅持完成一個專題研究，其心意已經值得肯定。

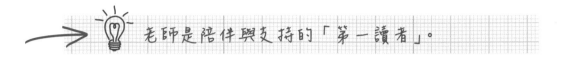

老師是陪伴與支持的「第一讀者」。

指導專題研究：
陪伴、支持和期勉

指導高中生撰寫人文學（Humanities）或社會科學（Social Science）論文，其實是一件很不容易的工作，尤其是在建中。

從第一屆以來，建中人社班不曾依據老師的學科專長設定學生的組別（例如：國文組、歷史組、地理組、公民與社會組），然後才研擬題目；而是先尊重學生自行擬訂題目，然後再進行「歸納」，協調老師進行指導。加上為了避免「搭便車」（Free rider problem）這樣一種集體行動的潛在困境，同時考量高二學生溝通與團隊運作的能耐，我們規定至多兩人一組，最主要的目的，就是要促使每一位學生能親自經歷與體驗全部的研究歷程。這正是人社班學生進行專題研究所要達成的第一目標。

如此一來，負責指導的老師們便備極辛勞。其一，平均每位老師指導的題目至少有五個；其二，多數題目並非自己的專門研究領域或課題。那麼，這要如何指導呢？或者換個角度看，這樣的「指導」可能嗎？

應該要設身處地來衡酌的是，我們不能直接以研究所的學位論文指導來想像高二的專題研究指導，因為主客觀條件差別太大。指導高中生撰寫專題論文，老師們的角色應該要恰如其分地設定為「第一讀者」。身為「第一讀者」，其實許多老師們是與學生一起學習的，提醒進度的掌握，幫忙思考架構的合理性、論點的周延度、資料的證據力，或者探詢可能提供協助的學者專家、聆聽有參考價值的演講、提供文字或圖表刪修的建議等，師生們就草稿彼此討論批判，從粗稿到初稿，再逐次精鍊，而成定稿。「第一讀者」其實就是「陪伴者」及「支持者」，協助學生領略與品味研究的歷程，在這人生第一份比較嚴謹的論述中，磨練出認真思考和寫

作應有的本事與態度。

　　當然，未必每一位學生最終都能完成專題研究。建中人社班對於學生的要求，並不完全以結果論英雄，畢竟只是高中生嘛！研究做得不好未必是問題，如果學生能真切理解這個「失敗經驗」的緣由與意義，我們還是予以肯定的。

　　高二完成的論文，經過高三「研討課」（seminar）的琢磨之後便結集成冊。這樣的「少作」雖然不成熟，卻反而保存了學生們年輕時最單純的關懷或思維，灑脫自在、無所侷限；同時，也見證了最為無私的師生關係及教育愛，真誠動人、無所保留。

　　我身為召集人，凝視老師們與學生們為著追尋知識與價值而奉獻心力的身影，內心十分感佩。人社班已經有了五屆的學生，轉眼間第三屆也即將要畢業了，我們選擇以寫作來記錄成長的心魂，這其實是一趟豐盛之旅；而此一論文集則是日後「壯遊」的起點，大家在其中看到彼此的專長或缺陷，「驕」或「餒」其實都不必要，如何維繫提升、調整補強，繼續向前行，才是最重要的。

　　路還長的很呢！

資料來源：臺北市立建國高級中學第三屆人文及社會科學資優班學生專題研究論文集，
　　　　　召集人序，2009年。標題為後來加上。

心得筆記

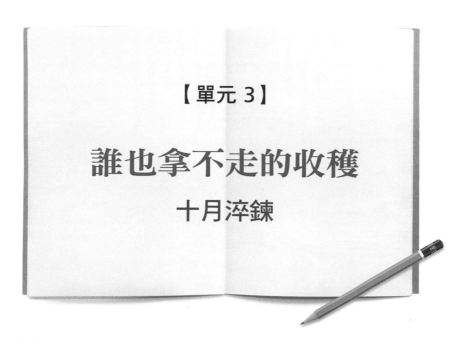

【單元 3】

誰也拿不走的收穫

十月淬鍊

苦樂參半的淬鍊

中學生若要進行專題研究，有多少時間可以運用，是一個重要的課題。

從學校現場的實務來看，如果有老師指導，而且是在「研究法」、「專題研究」之類的課程中進行，大概可以歸納出三種型態：

1. 五個月

即一個學期的規劃，一般的成果是一篇「小」論文，篇幅約三、四千字，內文架構大底上由四個部分所組成，包括：前言、正文、結論、引註資料。

雖然在正文的論述中，依然有相關資料的引用、彙整，但大多數情形下就是「引經據典」，直接進行文獻資料之間的分析、辯證，藉以形塑論

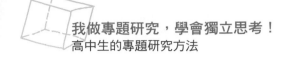

述脈絡、凝聚自己的論點和結論。有關「小論文」的體例、架構，在單元10的附錄有進一步說明，可供參考。

但如果希望讓基本功可以紮紮實實打下，是否要急急忙忙產出一篇「小」論文，就可以重新思考了。或許將產出設定為一篇「研究計畫」，但真正的目標是做中學，透過專題研究的建構過程，學習：a.如何擬訂主題、b.形成問題意識、c.確立研究問題和研究目的、d.進行初步的文獻回顧、e.透過文獻釐清研究方向及重點、f.確立研究方法，以及g.完成初步的研究設計或概念架構等。

這就是屬於擬訂「研究計畫」階段的重要工作，詳細內容可參見本單元附錄所呈現的「研究歷程與成果檢核表」（請見38~39頁表格），以及本書第八、九兩個單元關於「研究計畫」的討論。如果是在中學七、八年級或十年級先經過這番磨練，之後利用其他課程、微課程或校內外競賽活動寫作小論文的機會，實地演練，應該是相當良好的規劃。

2. 十個月

即一個學年的規劃，每一個研究階段該有的基本功有比較充裕的時間練習和落實，譬如文獻探討的進行，就會是一個關鍵。

文獻在精不在多，如何有效地找出恰當的文獻，既可以幫忙釐清研究方向及重點，又可以提供足夠的證據效力支持自己的提問、觀點和論證，這就需要有較長的時間、較多的心力才可能完成。

以十個月為期，在方法的練習、態度的養成，或者論點的醞釀、脈絡的梳理上，總是比較周延一些。以下的「研究歷程與成果檢核表」，從開始構思研究主題，一直到正式發表，基本上就是以十個月為期所設計的。

這份檢核表是由我和許多人文社會學科、數理學科的老師們一起研討、共同修訂所完成，目的是希望建立一個全校性各領域學科專題研究都可以共享、依循的檢核標準。檢核表既可以作為教學與指導專題研究的參

考，也是教師評量，以及學生自評或互評的有用工具。

3. 十二個月以上

以目前中學的升學氛圍來看，超過一年以上這麼「費工」的規劃，大概只有資優班、實驗班，或者少數個人的選擇。

這樣的模式主要是先用上至少一學期的時間培養基本功，同時逐步形成研究主題及計畫，然後用大約一年時間進行專題研究，最後通常會安排一場正式的成果發表會，在一個較大型的場合，學生必須仿照學術發表的規格，製作簡報（PPT，請參閱40~41頁表格），進行報告、評論及公開討論。

應該要強調的是，無論時間長短，只要認真、坦誠地進行專題研究，一定會很快地發現自己的許多不足或困頓，但只要想通一個道理、看穿一個現象，那種欣喜與成就感也相當強烈，這就是所謂的「淬煉」，冷熱交替、苦樂參半、無從掩蓋、無從依循，一切都是「自作自受」，怨不得人，但最後一定可以自我肯定。

胡適（1891~1962）有一句話，應該可以讓自願、被迫或半推半就進行專題研究的人在「淬煉」過程中自我告慰，那至理名言是說：「要怎麼收穫，先那麼栽」，練基本功，最後本事就在自己身上，這等收穫，誰也拿不走。

至於學習規劃及執行專題研究，能夠獲得什麼本事呢？本書後面單元將會有進一步說明。

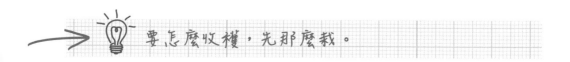

要怎麼收穫，先那麼栽。

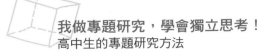

折返與前進

「研究歷程與成果檢核表」雖然是從前一年八月一路鋪排到隔年五月，其間各個階段及向度看起來是「循序漸進」的，不過，實際的過程一定會出現許多的來回或轉折。

譬如說隨著文獻探討的進行，研究問題，或者研究主題，都可能多次調整、更動；甚至於到了研究行動展開之後，也可能還需要回來補文獻探討、修研究問題等。

因此，這份檢核表只是呈現研究歷程的大致狀況，但它具有三個價值：

1. 提供一種研究階段的先後邏輯關係。

這樣的關係是完成一份專題研究所需要的，各個環節的漸次推進，才可能完成一份專題研究。

2. 提醒學生有哪些重要的要求是評量的焦點。

換言之，這份檢核表揭示了老師將會如何評量一份專題研究的完成，這是具有足可公告週知的重點，成績絕不是用一些隨便、含混的標準給的。當然，這份檢核表不是老師專屬的，它也可以讓學生用來自評，或者同學之間彼此互評。

3. **評量專題研究的表現，不是只有看結果，過程更
　是檢核的重點。**

　　以往，許多老師要求學生交一篇小論文，或者期末報告，
往往只是依照最後的成果打成績，但比較具有教育意義的方式，
應該是引導學生把注意力放在過程中一些規矩、一些訣竅的學習
和領會。檢核表的各個評量規準，就是師生彼此討論的主要依
據。

　　本書各單元將會從以下這份檢核表所提示的階段和向度，選取一些重
要課題，依序探討一份理想的專題研究與寫作是如何琢磨、逐漸產生的過
程。

 附錄 **研究歷程與成果檢核表**

時間	階段	向度	檢 核 重 點	檢核是	檢核否
8 至 11 月	專題研究建構	主題訂定	1. 積極主動尋找主題	☐	☐
			2. 主題具有明確的問題意識	☐	☐
			3. 主題具有研究的可行性	☐	☐
			4. 主題具有新穎性	☐	☐
			5. 題目簡要精確	☐	☐
		研究動機	1. 從個人至時空脈絡敘述研究緣起	☐	☐
			2. 以簡要的描述或具體證據呈現研究動機	☐	☐
			3. 研究目的與研究動機契合	☐	☐
		研究問題	1. 研究問題的設定切實且可執行	☐	☐
			2. 研究問題描述清楚扼要	☐	☐
			3. 研究問題與研究目的契合	☐	☐
9 月至隔年 3 月	專題研究執行進度	文獻探討	1. 有效應用資料庫、網際網路蒐集資料	☐	☐
			2. 能蒐集不同來源、類型的資料	☐	☐
			3. 能從文獻探討中釐清研究方向及重點	☐	☐
			4. 文獻探討與研究問題、目的契合	☐	☐
			5. 清楚地註明出處來源	☐	☐
		研究設計	1. 主動尋找適合的問題解決方法	☐	☐
			2. 能參考前人的文獻設計出合適的問題解決步驟	☐	☐
			3. 研究設計說明清楚，且可操作	☐	☐
			4. 訂定可執行的研究時程	☐	☐

時間	階段	向度	檢 核 重 點	檢核	
				是	否
		研究方法及資料處理	1. 掌握必要的一手資料	☐	☐
			2. 二手資料運用合宜	☐	☐
			3. 運用適當的資料處理方式	☐	☐
			4. 資料處理方式具有文獻基礎	☐	☐
			5. 資料處理方式與研究方法契合	☐	☐
		研究行動	1. 依據訂定時程逐步完成	☐	☐
			2. 積極主動地解決研究過程中的難題	☐	☐
			3. 有正向的方式抒發研究過程中的壓力	☐	☐
			4. 能與人／單位合作完成研究	☐	☐
			5. 能定期地完成研究札記的撰寫	☐	☐
3 至 5 月	專題研究成果報告（含正式發表會）	研究結果	1. 有效能地整理所蒐集到的資料	☐	☐
			2. 依據所蒐集到的資料說明結果	☐	☐
			3. 善用表格圖示解釋所蒐集到的資料	☐	☐
			4. 歸納的結論有憑有據	☐	☐
			5. 研究結論能與研究目的、文獻探討呼應	☐	☐
			6. 研究省思、回饋與研究結論契合	☐	☐
		書目附錄	1. 參考文獻格式適當	☐	☐
			2. 附錄資料有助於理解研究歷程或依據	☐	☐
		簡報	1. 簡報主題、背景與目的陳述清楚	☐	☐
			2. 簡報架構完整、內容脈絡清晰	☐	☐
			3. 善用多媒體輔佐口頭說明	☐	☐
			4. 口語表達清楚	☐	☐
			5. 台風穩健	☐	☐
			6. 時間掌握精準	☐	☐

 **附錄**

PowerPoint 檢核表

要　項	檢　核　重　點	是	否
內容呈現	標題能將○○的主題明確呈現	☐	☐
	能簡明介紹○○的內涵及意義	☐	☐
	能引用相關圖文呈現○○之特色	☐	☐
	文句語詞使用具正確性及流暢性	☐	☐
	能統整相關資料提出心得分享	☐	☐
	內容的分類與層次分明	☐	☐
	承接與轉折明確，富邏輯性	☐	☐
PowerPoint 製作技巧	版面編排精美，富有創意	☐	☐
	圖文的用色及大小方便閱讀	☐	☐
	圖文、背景的搭配得當	☐	☐
	動畫效果的設計得當	☐	☐
	音效或配樂運用得當	☐	☐
	投影片切換順暢	☐	☐
	加深聽眾對主題內容的認識與興趣	☐	☐
	能突出內容重點	☐	☐
	作品能達到宣傳目的	☐	☐

要　項	檢　核　重　點	是	否
現場發表	能事先妥善完成工作分配	☐	☐
	能預先準備好投影設備	☐	☐
	能事先測試檔案可以順利播放	☐	☐
	能問候聽眾並自我介紹	☐	☐
	能說明報告大綱與小組分工	☐	☐
	口條流暢；用詞精準；咬字清晰	☐	☐
	聲調富抑揚頓挫；能恰當地掌握音量大小	☐	☐
	善用手勢與眼神接觸吸引注意力	☐	☐
	能精準掌握報告時間	☐	☐
	能在報告後表達感謝	☐	☐
	能從容地上台與下台	☐	☐

專欄 時間管理

為難自己

包括我自己在內，許多學生，或者成年人都有被事情追著跑的痛苦經驗。但是，我們當中確實有一些人擁有一種本事：將「緩事」變成「急事」、把「舉手之勞小事」搞成「燃眉之急大麻煩」的本事！

由於欠缺「時間管理」的觀念和能力，不少學生經常「為難」自己退守死線（deadline），然後仰賴老師心存仁慈、網開一面，或者在退無可退的情形下勉強湊出一個應付了事的東西來，甚至乾脆擺爛、逃避。

「時間管理」的基本觀念

照道理而言，學生怎麼會經常為難自己呢？會出現這種「反常」景況，原因很多，包括：對於所學不熟悉或沒有興趣、注意力優先落在別的事物上、不欣賞交代這項功課或任務的老師，或者時間不夠支配、不知如何支配時間等。要解決不同原因所構成的問題，方式當然大不相同，但有一個基本想法，是我經常與學生們分享的。

人生在世，本來就會面臨許多選擇（包括人、事、地、物等），有些可以放棄，有些無法放棄。可以放棄的，那就自行承擔後果、坦然以對；而在認定無法放棄的選擇裡頭，有一些是自己有興趣的，有一些（至少目前）興趣不大，或者完全不感興趣的。在這樣的狀態下，「時間管理」的價值就顯現了出來。

　　針對這樣的「選擇」景況，我所建議的「時間管理」觀念，主要是兩個「帶有先後順序」的重點：

　　1. 優先設法以最簡約、過得了門檻的方式，處理那些「興趣不大、完全不感興趣但無法放棄」的選項。

　　2. 爭取最大可能的時間，讓「感興趣」的選項得以最佳品質完成。

「完美風暴」！

　　人通常會先將自己最感興趣的事情擺在優先處理位置，而且往往投以「完美主義」（perfectionism）的期許。但由於離預定完成之日還遠得很，因此心情十分優哉，甚至閒散；至於那些沒興趣但又無法甩開的事情，一想起來就讓人心情不佳，所以，當然是要先擱到一邊去，以免壞了這美好的一天！

　　日復一日，那感興趣的事情以一種很緩慢的進度在處理，而不感興趣的事情繼續晾在一旁，但隱隱然一場完美風暴正在形成。也不知是哪一個時間點，突然驚覺那感興趣的事情必須完工的期限已經不遠，而依據「完美主義」目標，實際進度遠遠落後，至於不感興趣的事情卻還不知如何下手，但必須完工的期限竟無預警地提前了，然後，臨時又有一件緊急的事情插了進來，必須立刻處理，而且彷彿約好似地，這幾件事情的完工期限幾乎是「間不容髮」！

　　這種「完美風暴」，其實絕大多數人都經歷過。而經歷過的人，一定當下決定：絕不再讓自己身陷如此險惡之境！但等到「事過境遷」，那時的「發誓」早就拋至九霄雲外，甚至在每一次的驚險過關中還學會一種人生哲學，有人說是「船到橋頭自然直」，有人則相信「頭過身就過」。

　　我認識的一些人真的就是以這種「人生哲學」來待人接物處事，幸好他們都有幾位好朋友擁有相當不錯的時間管理能力，因此經常可以在危急

時刻伸出援手，讓「船」不至於被完美風暴摧殘。

「及早開始」！

　　從我多年的任教經驗中發現，那些在課業、團體活動、日常生活中幾乎都能表現良好的學生未必都是天資最聰穎的學生，但肯定都是時間支配運用得當的學生。換言之，是一種「態度」在產生關鍵影響，這種影響因為有效的「時間管理」而成效卓著，這樣的學生遠比同學們把握住更多的學習機會、獲得更多的成就經驗，所以發展出更好的內控能力，以及樂在學習的行動，並且進而啟動一個正向循環，累積更好的學習成果。

　　理想的「時間管理」，最重要的態度只有一個：「及早開始」！這意味著不要高估自己，而且不能輕忽處理的難度和客觀上的種種限制。

　　同時，「及早開始」也意味著必須預留時間，以應不時之需。至於應該預留多少時間呢？看事情的大小難易，從三至十天不等，越難的、越重要的，預留時間就應該越多。以我的經驗而言，這些預留的時間最後還可以產生三種「無價」的效果：

　　1. 有足夠的時間可以改進手邊工作，這是一種「提升品質」的效果。

　　2. 有彈性的時間可以處理多重工作（multi-tasks），這是一種「廣結善緣」的效果。

　　3. 有緩和、沉澱的時間可以休息或娛樂，這是一種「犒賞自己」的效果。

「時間管理」心法

　　目前市面上關於「時間管理」的書籍一直不缺，各家建議的方法和工具五花八門，我們盡可各取所需，但不要貪多務得，只需把握幾個自己目前可以操作自如的方法和工具，這就足夠了。日後，隨著經驗和需求的發展，應該也可以自行發明或統整出合適的方法和工具，不必迷信名人的建議或追求時尚的學說。

　　至於我「目前」操作自如的「時間管理」心法，歸納來看，就是優先分配一個合理的時間給「興趣不大、完全不感興趣但無法放棄」的事情，這樣就比較沒有「後顧之憂」，可以確保在做自己感興趣的事情時，不會分心，甚至能夠安心、全心全意。

　　然後就是「及早開始」、「隨手記錄不時迸出的點子」、「利用辛勞工作之後的時間處理不用花太多心力的日常瑣事」，以及「每天都騰出一點時間來檢視事情與反省自己」。

　　就是這麼一些策略，讓我可以在毋須「爆肝＋黑眼圈」的狀態中將所有的事情一一順利完成，而且在擺脫「完美主義」的迷思下，處理每一件事情時都可以力求最大可能的卓越。

　　如果真的有「完美」的話，那也是一次次的「卓越」與「瑕疵」、「錯誤」、「失敗」所累積出來的。執意追求「完美主義」的人，真正在意的其實是「無瑕」，但很可能因此而浪費時間、耽誤或錯失其他重要的事情，以及折磨自己或別人，甚至於最終只肯做自己擅長或熟悉的事情，而且往往害怕失敗。這樣的人其實不太需要「時間管理」。

　　從積極面來看，願意學習新知、持續探索夢想的人才需要「時間管理」，並且能夠從中獲得壯遊人生與世界的良機！

心得筆記

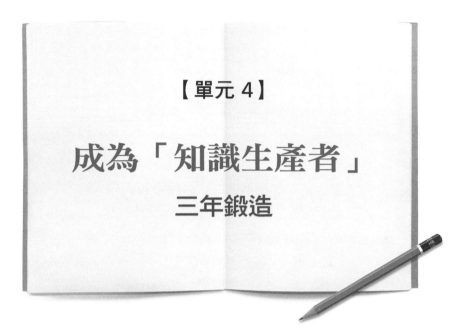

【單元4】

成為「知識生產者」
三年鍛造

引導學生探索研究的課程規劃已經到來

在臺灣的高中教育體制中，以往除了資優班或實驗班之外，會在一般班級開設與「專題研究」相關課程的學校並不常見。但依據《十二年國民基本教育課程綱要總綱》的設定，情況已大為改觀。

一來，是因為新課程綱要釋放出相當大的空間，讓學校得以依照自己的條件及需求訂定以「能力培養」為導向的課程。

二來，課綱在「校訂必修課程」的指引中，規劃「小論文研究」、「議題探究」等課程可由學校自主設計，或由教育部轄下領域課程綱要研修小組、普通高級中學學科中心，或者由教育專業團體、校際教師社群等研發，經各該主管機關或學校課程發展委員會通過後，由學校自主選用。而在「校訂選修課程」方面，課綱則指明可以提供給學生「領域／科目專題」、「實作（實驗）及探索體驗」等課程。在性質上，上述這些課程應該都會設計供學生探索、研究的學習活動，嘗試引導學生從「知識消費

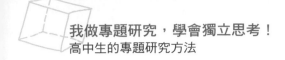

者」，逐步轉變，練習成為「知識生產者」。

兩份課程大綱示例

十多年來，我在目前任教學校所成立的人文及社會科學資優班，已經規劃實施「專題研究」課程，並且是以三學年（五學期）的架構做整體的課程發展。而過去，學校也曾經在高一普遍試驗，實施一學期2學分的「研究法」課程，後因國家課程綱要的修訂與全校課程架構的通盤規劃，不得不結束。

但在十二年國教新課綱賦予較大的課程自主空間之後，105學年度，全校老師以高度共識，再次選擇「專題研究」作為一學期2學分「校訂必修」課程，跨學科領域教師社群隨後成立，由我出任召集人。我們在106~107學年度完成課程研發和試行，還將相關心得與方法結集出版《中學專題研究實作指南》（商周，2018），分享給關心「探究與實作」學習活動的老師及學生。而我們的課程「專題寫作與表達」，已順利從108學年度起，在全高一實施。

基於多年來在「專題研究」或「探究與實作」課程方面規劃、設計、實施所累積的經驗，以下提供兩份課程大綱，讓希望針對這類課程有所了解的人先行參考。

【表1】一學期（2學分）課程大綱

週次		教學要項／學習內容
1	課程簡介及導論	1. 說明課程目標與預期成果產出、專題研究構想書體例，發布專題研究建議主題：**飲食** 2. 解說C（Claim，主張）、A（Argument，論點）、E（Evidence，證據） 3. 引導以「飲食」為主題的研究方向、題目示例 4. 回家作業：(1)閱讀文獻1，書寫摘要；(2)依據「飲食」主題，試著寫出個人感興趣的可能方向或題目 ※學生自備資料夾（建議20頁，整理本課程學習歷程檔案）
2	閱讀與摘要	1. 「摘要」指導與回饋（指定文獻1） 2. 「閱讀理解：批判性閱讀」方法講解 3. 課堂實作：運用CAE及批判性閱讀的方法，解讀指定文獻1、2、3（分組討論） 4. 回家作業：(1)指定文獻2摘要書寫（學習單）；(2)指定文獻1、2、3凝聚的問題意識書寫（個人）
3	問題意識	1. 繳交指定文獻2摘要作業 2. 指定文獻1、2、3凝聚的問題意識書寫指導與回饋 3. 課堂實作：「問題意識」凝聚實作與修改（個人）（學習單） 4. 學生分組（以3人一組為原則），小組討論可能的研究方向或題目 5. 回家作業：依據可能方向或題目蒐集文獻，每人至少一筆，依據CAE進行分析及摘要，並寫下該文獻的問題意識（個人）

4	文獻蒐集	1. 回饋指定文獻2摘要書寫 2. 講解「蒐集文獻」，資料庫，關鍵字，APA格式 3. 小組討論研究題目 4. 回家作業：針對所蒐集至少三筆文獻，嘗試找出文獻之間的關聯，並畫出概念圖，從中發現小組可能的待答問題或研究假設（個人）
5	論證	1. 講解「論證」，評論與分析性寫作 2. 小組至少確定三筆文獻（以期刊文章、書籍為主），加以研讀、摘要、討論，從中形塑問題意識（含待答問題或研究假設）
	期中考	考試範圍：摘要、APA、問題意識等 考試時間：70分鐘。
6	專題寫作討論	1. 期中考試題解說及答題檢討 2. 小組研討、形塑專題研究問題意識，確定研究題目（小組）
7	文獻探討	1. 「文獻探討」實作 2. 小組實作，安排指導老師 3. 回家作業：以小組文獻進行統整的評論與分析性寫作（約500字，個人）（學習單）
8	期中報告1	1. 繳交書面報告（初稿） 2. 6組，每組報告時間6分鐘。 3. 回饋文獻探討寫作（含Word技巧）、口語表達（含PPT技巧）
9	期中報告2	1. 剩下的組，每組報告時間6分鐘。 2. 回饋文獻探討寫作（含Word技巧）、口語表達（含PPT技巧）

10	研究架構	1.「研究架構」說明與練習 2. 專題研究構想書討論與修改（小組）
11	圖表	1.「圖表」說明與練習 2. 專題研究構想書討論與修改（小組）
12	研究方法運用	1.「研究方法」說明與練習 2. 專題研究構想書討論與修改（小組）
13	研究方法運用	1.「實驗、觀察、問卷、訪談」的選用 2. 專題研究構想書討論與修改（小組）
14	專題寫作討論	1. 小組實作，安排指導老師 2. 教師指導
15	專題報告1	期末報告－專題研究構想書（6分鐘）
16	專題報告2	期末報告－專題研究構想書（6分鐘）
17	專題寫作討論	1. 小組實作，安排指導老師 2. 教師指導
18	期末回饋研討	學生自評與課程回饋、師生研討與回饋

說明：1. 此為臺北市立建國高中校訂必修「專題寫作與表達」109學年度課程大綱。

2. 數字，表示該週進度可因放假、考試或其他活動停課而彈性運用。

3. 另可參考《中學專題研究實作指南》，頁347-348。

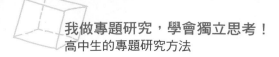

【表2】一學期（2學分）課程大綱

週次	課程單元	學 習 重 點	備 註
1	課程簡介	1. 課程綱要、評量標準、預期學習成果 2. 科技與社會關係的基本概念	學習成果預設為閱讀心得、小論文、PRIDE作品
2	發現科技物的社會關聯	科技物並非中性的、不具價值關聯的，其發明與應用充滿政治、社會、經濟、文化的意涵	分組：2~3人一組
3~5	議題一：電力時代	以愛迪生發明「電燈」、愛迪生與喬治威斯汀豪斯進行「直流電vs.交流電競爭」等案例，探究科技與社會之間錯綜複雜的關聯，及「系統思考」的重要性	運用議題一的相關資料，除了處理議題一的特定知識或問題之外，還需藉以連結並釐清STS的核心內容與重要的探究意義。
6~7	探究實作觀念及方法一	1. 進行多文本探討、凝聚探究焦點（問題意識） 2. 發展探究焦點及蒐集文獻	

8~10	議題二：後人類時代	以「人機合體」、「人機互動」探討人類與機器關係的演化，並反思「機器學習」、「生命」、「人」的意義	運用議題二的相關資料，除了處理議題二的特定知識或問題之外，還需藉以擴增探究STS的可能方向或重點。
11	探究實作觀念及方法二	1. 複習多文本探討、凝聚探究焦點（問題意識）的方法 2. 決定探究的主題和學習成果的展現型態	
12~14	探究實作	1. 依據各小組的實作狀態及進度，提供「量身打造」的建議和鼓勵 2. 安排各組學習成果發表的順序、協助成果發表的分工	
15~16	學期報告與分享	1. 小組的學習成果發表 2. 進行各小組互評、提供評語和建議	
17~18	學習研討及回饋	1. 檢視、研討學習歷程及學習成果 2. 擬訂後續探究實作的方案，或者修改、優化本學期學習成果	

說明：此為臺北市立建國高中多元選修「科技與社會探究一」109學年度課程大綱。

應該說明的是，表1「校訂必修」課程預設的學習成果是「研究構想書」（或研究計畫），表2「多元選修」課程預設的學習成果則是「小論文」之類的作品。表2課程得以要求產出「小論文」之類作品，其前提是學生學習過「校訂必修」，已具備探究實作的基本觀念、方法等學習經驗。

換言之，要讓學生學習探究與實作、界定和解決問題的能力，並且能夠完成一份相關作品，發表自己的發現和探究心得，至少要有一學年的規劃，而且兩個學期之間必須統整設計。

三學年的規劃

能夠以三學年（五學期）範圍來規劃「專題研究」課程，當然是極為少數學校或特殊班級才有可能辦到；因此，分享「三學年規劃」這一類經驗所具有的「工具價值」（instrumental value）是頗低的。

但就另一個觀點來看，「三學年規劃」應該是一個最大的可能性，從中我們可以看到一個教育理想能夠如何落實，這是屬於「目的價值」（terminal value）的一種實踐。

換言之，即使外在的客觀條件有所侷限，但有些課程實施的彈性卻是可以經由主體內在的決定而創造出部分的可能性出來。

曾經有少數幾位不是就讀資優班的學生，他們還是可以在好奇心及高成就動機的驅使下，藉由課外的自主學習，外加老師在必要時候所提供的面談指導，一樣完成水準相當不錯的探索研究行動。而他們因為自主的需求，有些學習已經跨越到發表及評論的階段，甚至於因為是小組工作，因此可以帶領他們嘗試「研討會」（seminar）的討論形式。大致而言，他們已經因為自己的學習熱忱，而以一種頗為簡約、但饒富意義的方式，經歷了大半的資優班三年課程規劃。

在二〇一六年六月初，臺灣師範大學文學院首次舉辦的「全國高中生

人文經典閱讀競賽」，我受邀擔任團體賽的評審。在通過初審，進入複賽進行臨場發表的十五個隊伍之中，絕大部分學生也都能夠在類似的高成就動機之自主學習中，透過資料蒐集、小組讀書會、議題研討及辯論、邀請學者諮詢指導等多樣化活動，完成讓評審們十分讚賞的探索、思辨成果。

從二〇一六年以來，我又陸續擔任許多「專題研究」類型競賽的評審，除了「全國高中生人文經典閱讀競賽」之外，還包括：「PRIDE：用指標說故事」、「國際議題專題論文徵選」、「中小學科學展覽會」等，表現優秀的學生很多，而且許多都是「社區高中」學生。只要掌握自主學習的訣竅，發揮探究的熱情，就能展現讓人刮目相看的成果。

可見，應該有不少學生是比大人們、老師們還勇敢，願意花下心力拓展自己的思想和行動。但我也不禁設想，很可能有更多的學生，是在還沒來得及想像之前，就已經被大人們、老師們的現實考量而扼殺了自主探索研究的機會。

基於這樣的經驗和反思，為了願意勇敢跨出第一步的學生或老師，在此不藏私地提供三學年規劃，還是有可能具備一些工具價值的。

以下擷取二〇〇七年發表的一篇文章，內容即是三學年規劃的梗概（全文內容請參閱67~68頁專欄）：

高一時，學生必須在專題導論、經典名著導讀、研究方法，以及其他各種相關課程中進行廣泛的閱讀、練習寫摘要，並且能夠回答老師的提問，然後又能參考自己的閱讀和思考來提問；這一切都需形諸文字，口說無憑。……

等熬過了第一年，接下來從暑假開始，加上高二一整年，便得自己選擇一個題目進行專題研究。建中人文社會班並不鼓勵學生以小組方式進行研究、寫作，除非能先說服相關的指導老師。學生進行專題研究時，可以隨時使用臺灣大學圖書館，可以專案申請進入國家圖書館，可以自行聯繫

向相關領域的學者專家請益，然後在星期一下午的專題研究課堂上與自己的指導老師研討。校內的指導老師未必對於每個題目都十分熟悉，但其角色相當關鍵，指導老師身兼讀者、對話者、監督者、鼓舞者、解惑者等角色，陪著學生走過研究及寫作的每一個階段。到了五月，便要進行公開的成果發表，當著數百人的面，每位學生必須一個人站到講台上，以最精簡的語句呈現一年的學習成果。……

到了高三，雖然升學考試的壓力已經鋪天蓋地而來，但專題研究的成品卻還需要經過最後一道程序的錘鍊，這便是班上自己開辦的研討會。一樣是星期一下午，每個學生必須輪流獨撐一整堂課。在這五十分鐘裡，所有的指導老師與學生同聚一堂，程序是主席報告（五分鐘）、論文報告（十八分鐘）、評論（七分鐘）、報告人回應（五分鐘）、師生討論（十五分鐘）。經過這一番論辯，論文的寫作便要進行最後的修改，接著再給指導老師看過，並送交導師進行學術格式的審查，等確認一切合乎規範後，成品終於出現了。

應該要補充說明的是，在高三上學期終於定稿的專題研究成果，最後彙整而結集出版是在下學期，由已經通過甄選的準大學生們所完成。他們必須自己進行文書編輯和美工設計，然後向國家圖書館申請國際標準書號（International Standard Book Number，簡稱ISBN），實地跑完一個正式出版的流程。

之所以能夠進行三年規劃，是因為制度上保留的空間；然而，如果仔細閱讀前述擷取的內容，就可以發現整個過程中有許多是屬於學生的自主學習或師生互動，換言之，即使沒有正式課程的安排，還是可以進行的。

而事實上，這類「課外活動」每一天都在許多校園角落進行著，那是由許多熱忱的老師、勇敢的學生漂亮的身影所交織而成的優美風景，雖零星，但十足耀眼！

關於小組報告

前面提過的表1和表2課程，均有「小組報告」的安排，傳統方式是一組上台報告，其他各組在底下聆聽。這種方式最大的問題，應該是：很難要求學生一直專心聆聽。

因此，有些老師會設計互評表，讓聆聽的學生填寫。但根據以往經驗，效果其實都不算太好。

怎麼辦呢？替代方案有二，一是「Gallery Walk」，二是「世界咖啡屋」。

Gallery Walk的操作方式，若以10組為例，一次由5組擔任報告人，各組各在教室的一個角落，避免相互干擾。另5組，則是每組一次聆聽一組報告，假設一輪報告是10分鐘，時間到時，就依順時針（或逆時針）方向換組。如此輪換，共有五輪。

10分鐘的安排，包括5分鐘報告，3分鐘問答，2分鐘填寫研討紀錄。

相關研討紀錄表格如下，可供參考。另外，可轉換成Google表單讓學生填寫，也是值得考慮的方式。

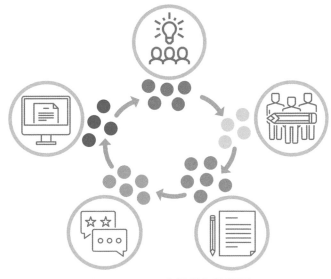

Gallery Walk 小組報告流程圖

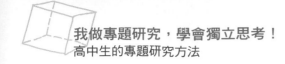
【表3】「Gallery Walk」報告人研討記錄表

小組報告研討紀錄（報告人）

班級：＿＿＿＿＿　座號：＿＿＿＿　姓名：＿＿＿＿＿＿

針對討論人的提問和回饋，最具有積極的建設性或批判性的觀點	
姓名	觀點或建議的摘要

綜合今天討論的各種想法和啟發，本組的研究構想可能的調整修改（條列重點，簡要論述）

【表4】「Gallery Walk」討論人研討記錄表

小組報告研討紀錄（討論人）

班級：＿＿＿＿　座號：＿＿＿　姓名：＿＿＿＿＿

針對各組報告的評論和提問建議		
組別	評論和提問建議	評分
綜合今天討論的各種想法和啟發，本組的研究構想可能的調整修改（條列重點，簡要論述）		

第二種方式是「世界咖啡屋」。和Gallery Walk的主要差異，在於「世界咖啡屋」的議題性更強，它一樣設有報告人（桌長），一樣讓討論人循序輪換桌次，但是，桌長必須將前一輪研討的結論，報告給新一輪的討論人，並以此為基礎展開新一輪，原則上應該是更為深入的討論。按此

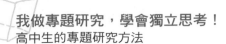

方式進行數回合後，討論人回到原本的咖啡桌，然後由桌長分享數回合大家所研討的內容重點，並整理出發現或結論。

在「世界咖啡屋」的研討中，桌長掌握核心議題、分析和統整的能力，是影響討論品質的關鍵。

相關研討紀錄表格如下，可供參考。

【表5】「世界咖啡屋」小組報告及研討記錄表

小組報告及研討紀錄

班級：＿＿＿＿　座號：＿＿＿　姓名：＿＿＿＿＿

□ 報告人。＿＿＿＿、＿＿＿＿、＿＿＿＿的回饋，最具啟發的價值
□ 討論人。＿＿＿＿、＿＿＿＿、＿＿＿＿的報告，最具啟發的價值
摘要（請將各人觀點，分開記錄；背面可繼續書寫）
綜合今天討論的各種想法，本組的研究構想可能的調整修改是： □ 暫時不需要修改　　　　□ 將會改進（條列重點如下）

關於競賽

在專題研究課程規劃中，還有一件事情值得分享。

目前在臺灣有許多帶有競賽性質的學習活動，而且參加的學生人數都頗為可觀，這是一群令人欣賞的孩子，他們比許多同儕更早知道學習的樂趣和生涯規劃，並且已經付諸實行、勇於歷練。

對於競賽，我的態度向來是鼓勵，但不勉強。唯一的例外，是先前曾規定資優班高一學生必須組隊報名參加「臺灣學校網界博覽會」。理由是這個競賽的參與門檻比較低，但要做出好作品，卻沒有太簡單；基於「志在參加，不求得獎」的前提，剛好可以利用「臺灣學校網界博覽會」的參賽，練習專題研究的基本功，以及磨練團隊工作應有的觀念和技巧。

除了「臺灣學校網界博覽會」之外，目前中學生能以個人或小組參賽（參選）的機會還真不少：

【表6】 與專題探究實作相關的競賽一覽

類別		項目
人文及社會科學	學術寫作	全國高級中等學校小論文寫作比賽
		全國大專暨高中職學生專題製作競賽
		Win the PRIDE：用指標説故事競賽
		高中生人文經典閱讀會考
		高中地理奧林匹亞
		中小學科學展覽會

行動方案	全國公民行動方案
	國際馬拉拉獎
	保德信青少年志工菁英獎
文藝創作	教育部文藝創作獎
	臺灣文學獎
	全國高中臺灣人文獎
	全球華文學生文學獎
	北部九縣市高中生文學獎
	臺北市青少年學生文學獎
	臺北文學獎
	明道文學獎
數學及自然科學	全國大專暨高中職學生專題製作競賽
	全國高級中等學校小論文寫作比賽
	全國高中職智慧鐵人創意競賽
	能力競賽（校內、北市、全國）
	中小學科學展覽會
	青少年科學人才培育計畫
	「青少年跨域整合人才」培育計畫
	臺北市中等學校學生科學研究獎助計畫
	旺宏科學獎
	吳大猷科學營

吳健雄科學營

青年尬科學

丘成桐中學數學獎

徐有庠盃台灣青年學生物理辯論競賽

居禮夫人化學營

鍾靈盃化學創意競賽

清華盃全國高級中學化學科能力競賽

說明：相關競賽很多，此處只做部分的彙整呈現。

　　這些競賽活動，有的偏人文及社會科學，有的偏數學及自然科學，但也有不少活動是涵蓋文、理學科領域，甚至需要文理兼備的跨領域參與。

　　大家或許會懷疑，「中小學科學展覽會」怎麼也列在人文及社會科學呢？其實，「科學展覽會」共涵蓋十三個科別，包括：數學科、物理與天文學科、化學科、地球與環境科學科、動物學科、植物學科、微生物學科、生物化學科、醫學與健康科、工程學科、電腦科學與資訊工程科、環境工程科、行為與社會科學科。雖然比重不高，但仍然有「行為與社會科學」類的參賽機會。

　　至於偏好文藝創作的學生，可以報名參加的競賽算是最多的，其中以「全國高中臺灣人文獎」和探究實作的學習，關聯最為密切。偏好公益性質行動方案的學生，除了表6呈現的項目之外，先前我還曾鼓勵學生以3人（含）以上組隊，提案報名「臺灣地區多益獎學金計畫」，或以4~8人（含1名帶隊師長）組隊，提案報名臺北市青少年「我的成年禮」壯遊體驗補助計畫。此外，教育部青年發展署為高中職應屆畢業生設計的「青年體驗學習計畫」，也值得了解。

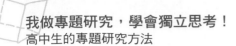

　　這些競賽的報名都是免費的，某些參賽的過程其實也不用太多金錢的花費，唯一要投入的是自己的熱情和時間，但從中能夠看到的世面、學會的本事、結交的朋友，卻是千金難買的。

　　事實上，這些參賽所經歷的，幾乎都可以涵蓋前述三年規劃的學習。不用就讀甚麼特殊班，或某些特定的學校，豐富的學習、多元的探索，永遠就是由自己所掌握的。

專欄　# 以實踐立下人生的座標

十五歲之前，智識未開，難以讀書，廿五歲之後，雜事漸多，也難以讀書，一生讀書好時節，學問與生命基礎的奠立，便在這黃金十年；而高中教育三年，正是開展人生恢弘格局的絕佳先機。建中人文社會班的成立，就是從這等體悟與實踐開始！我們希望經過這個班淬礪的學生，在畢業走出校門之際，都能對於自己、對於人群、對於世界充滿信心及熱情，但也能隨時自我惕勵，擁有一份清醒的自覺；而這一切之所以可能，就在於學習的進程中，對於學問的生命、對於學問的紀律，已經有所瞭解，並有所履行。

「寫作是最精純的思考」，是建中人文社會班的基本精神。高一時，學生必須在專題導論、經典名著導讀、研究方法，以及其他各種相關課程中進行廣泛的閱讀、練習寫摘要，並且能夠回答老師的提問，然後又能參考自己的閱讀和思考來提問；這一切都需形諸文字，口說無憑。而一旦要落筆，許多窒礙、疏漏、疑惑便紛紛浮現，等費盡心力解決了，接下來的難題，便是如何寫出一篇條理清晰、語句淺白、用詞確當的文字，展現「溝通的誠意」，讓人讀得懂！

等熬過了第一年，接下來從暑假開始，加上高二一整年，便得自己選擇一個題目進行專題研究。建中人文社會班並不鼓勵學生以小組方式進行研究、寫作，除非能先說服相關的指導老師。學生進行專題研究時，可以隨時使用臺灣大學圖書館，可以專案申請進入國家圖書館，可以自行聯繫向相關領域的學者專家請益，然後在星期一下午的專題研究課堂上與自己的指導老師研討。校內的指導老師未必對於每個題目都十分熟悉，但其

角色相當關鍵，指導老師身兼讀者、對話者、監督者、鼓舞者、解惑者等角色，陪著學生走過研究及寫作的每一個階段。到了五月，便要進行公開的成果發表，當著數百人的面，每位學生必須一個人站到講台上，以最精簡的語句呈現一年的學習成果。和數理班大不同的是，人文社會班的題目幾乎每位來賓都可以聆聽，都有起碼的知識基礎可以評估，因此，簡明扼要、合理合情是必須的，「溝通的誠意」再度成為最高原則。

到了高三，雖然升學考試的壓力已經鋪天蓋地而來，但專題研究的成品卻還需要經過最後一道程序的錘鍊，這便是班上自己開辦的研討會。一樣是星期一下午，每個學生必須輪流獨撐一整堂課。在這五十分鐘裡，所有的指導老師與學生同聚一堂，程序是主席報告（五分鐘）、論文報告（十八分鐘）、評論（七分鐘）、報告人回應（五分鐘）、師生討論（十五分鐘）。經過這一番論辯，論文的寫作便要進行最後的修改，接著再給指導老師看過，並送交導師進行學術格式的審查，等確認一切合乎規範後，成品終於出現了。這就是現在呈現於這個論文集上的樣貌。

我身為建中人文社會班規劃者之一，又擔任第一屆導師，同時還兼任人文社會班召集人工作，對於這批在十五、十六歲時，便已清楚自己的性向，並且懷抱著遠大的志向，願意比多數同學進行艱苦學習的學生，其實我是充滿敬意的。我願意借用此處小小的篇幅，記下這個大大的願景，留下我們三年踏實走過的足跡。我希望，人文社會班是我們這些參與者給自己在宇宙中所留下的一個鮮明標記，當我們在生命旅途中仰望時，這正是我們不致迷失、可以繼續再奮發向前的指引。

資料來源：臺北市立建國高級中學第一屆人文及社會科學資優班學生專題研究論文集，
　　　　　導師序，2007年。標題為後來加上。

給正在十年好時節中的你

第十屆學生即將畢業，專題研究的成果要集結成冊，我想了又想，一時之間不知要寫什麼。為了人社班的籌設和發展已經工作了十來年，該講的話似乎都講過了，而且許多還重複了無數遍呢。

第一屆人社班校友目前正在拍攝回顧影片，希望重新理解和詮釋十五、六歲那年的決定，以及之後在高中的學習與成長軌跡。我曾經多次跟人社班學生說，「十五歲之前智識未開，讀不了什麼書；二十五歲之後，雜事太多，也讀不了什麼書。人生讀書好時節，正是這十年！」第一屆校友，剛過了這個「好時節」，不知有何感想？但換個角度看，人生可以累積多少個十年？能享有一個狂狷十年的回顧和反省，無論如何，都是難得的、可貴的。

在當初那十年過程中的點點滴滴，我們是不可能預先兜在一起的，零零散散，甚至有的在那時還讓人覺得無聊、錯愕。惟有事過境遷，有朝一日回顧時，才恍然大悟原來這些點點滴滴是多麼有意義、多麼自然地串連在一起，而且是得之於人者多，受益於好多非親非故的貴人。因此，生命變得豐厚悠遠，足以讓自己謙虛、感恩，知所奮進，期望回報。

會有那十年「讀書好時節」的體悟，自然是後見之明，而且更是很晚很晚的後見之明，是好幾個十年的探索、回味、比對之後的感想。於是我終於更加明白，我們得要相信當下正在經歷、體會的一切，未來多多少少總能連接在一塊兒，無論這叫做因果、命運、直覺、創造性的轉化等等都好。也不知何時開始有了這樣的人生洞察，於是，盡力讓每一次的停留都能無悔、每一次的出發都足以無懼，成了一種「態度」；這種做法，讓我

比較不容易迷網、失望，而且更能夠豐富了生命。

對於第一屆或者之後數屆學生，那個所謂的「讀書好時節」雖然過了，但二十五歲之後的另一個十年，應該還是可以別有開展，饒富新意才對。至於這會是一個什麼樣的好時節，我覺得當是千姿百態、繽紛多彩，每一個人都會有屬於自己的世界要去探索、闖蕩、定位。一開始很可能是按照前輩的地圖走，探自己人生的險，體驗篳路藍縷的堅毅，以及殊途同歸的奧妙；有的人還成了沒有地圖的旅人，格外印證了柳暗花明、別有洞天、山高水長的驚奇。但無論何種樣態或結果，那股前行的傻勁及熱情最是珍貴。

對於即將畢業的第十屆學生而言，談未來若干個十年固然有些遙遠，但是，只要知道生命是延續的，理解自己身上的傻勁及熱情才是關鍵，足能峰迴路轉、遨遊萬里，那麼就坦然、從容地擁抱現在的成功與失敗，毋須得意或失意。唯一該專心的是，如何在自己選定的方向上成為一個「卓越」的人，要跟那高明的標準、偉大的傳承或者人文的意義相衡量，而非將他人比鬥下去。卓越遠遠優於成功和勝利，或者至少可以說，有了卓越，成功和勝利才算實至名歸。

第十屆畢業生的「十年旅程」馬上要進入下一個階段，高中三年學習之後即將展開一個更寬廣、更自主的大學探索，這真是令人感動、雀躍的時刻。專題研究過程中所經歷的點點滴滴，自己最是清楚，至於它的意義，就留待來日咀嚼吧。

路其實沒走完，而且還長得很呢！

資料來源：臺北市立建國高級中學第十屆人文及社會科學資優班學生專題研究論文集，
　　　　　任課老師序，2016年。

第 **2** 部

像科學人一樣做研究

● 如何制定研究計畫 ●

【單元 5】

我們都該勝任愉快
什麼是合適的專題研究主題？

什麼樣的主題是好專題？

談到專題研究，不少人也很關切的問題是：什麼樣的「專題」，是高中生應該學習探索與發表的？

在我看來，這個提問其實包含了兩個問題，一是什麼樣的主題是正確的，或比較高竿、比較酷、比較討喜的？二是什麼樣的專題類型是比較恰當的，是否一定非得要學術形式的論文不可？在這一個單元裡，將先處理第一個問題。第二個問題留待下一個單元再來探討。

正確、高竿、酷、討喜？往往牽涉到好或不好的判斷，經常都帶有相當程度的主觀。我比較會注意的，反而是什麼樣的主題比較「合適」？

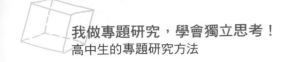

不合適的主題

要知道何謂「合適」的主題之前，我們先把什麼是比較「不合適」的主題弄清楚，常見的問題包括以下七種：

1.「空泛」問題

這類問題最為常見，譬如希望了解青少年次文化和主流文化的關係、空間對於感官知覺的影響、都更的利弊得失、臺灣的鐵道文化、臺灣人的早餐選擇等。

這一類問題的癥結，主要是「大而無當」。如果是在研究主題初期構思階段，倒是無可厚非，但如果兩個月之後依然如此，顯然麻煩就大了，總歸來說，就是「欠缺問題意識」。

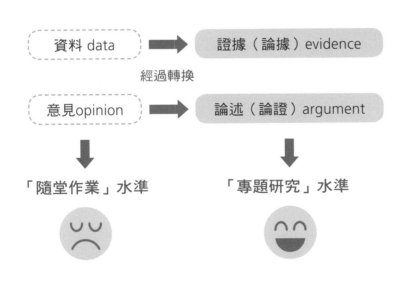

「隨堂作業」與「專題研究」的差異

中學生書寫專題研究的篇幅，大多落在一萬字之內，而「小論文」甚至只需要三、四千字，相對於上述這些個「大」主題，即便是一萬字也是很難說清楚、講明白的。每一個「大」主題裡頭涵蓋太多專業知識和錯綜複雜的課題，遠非中學生在短短幾個月之內所可能理解，甚至於單單是要掌握重要文獻都有困難，遑論行文之中與最後的結論還得加入自己的論述邏輯、脈絡鋪陳，以及發現和反思等。

根據以往指導學生的經驗，大而無當的題目最後只會讓論述內容在問題的表面打滾而已。有的只能抓一大堆書籍和論文摘錄文句、彙整觀點，猶如讀書筆記，連關鍵的文獻資料內涵都看不透；下焉者，更是幾篇從網路搜尋來的資料複製、貼上，頂多略加編修就交差了。還有一些人則是大談自己的意見，卻欠缺堅實的論據和嚴密的論證，落入「思而不學」的窘困而不自知。

2.「比較」問題

這也是屬於常見的類型，譬如希望比較「復仇者聯盟」當中的美國隊長與《西遊記》當中的唐三藏兩者在領導風格上的差異；或者，比較家中廚房所烹調的食物與食品工廠所製作的食品，何者比較衛生、營養。此外，還有學生曾試圖比較《資本論》及《國富論》中的政府角色，或者比較漢代與唐代的貨幣制度等。

這些「比較」形式的主題，最常出現的問題是兩者的「比較」並不合理、極其勉強，或者難度太高，或者還是那個「大而無當」的老問題。

此外，即使設定的比較項目是合理的、有意義的、可行的，通常我還是不建議學生做這種「比較」形式的主題，因為這實際上是多重題目，譬如A和B比較，這就會是三個題目。也就是說，先要個別掌握A、B，才可能比較A和B。譬如比較捷運臺北車站和忠孝新生站的轉運機能，哪一個比較強？野百合學運和太陽花學運中的媒體角色，有何差異？當然，如

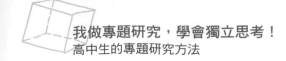

果學生執意要做這樣的研究，而其「思辨批判能力」、「挫折容忍力」，以及「時間管理能力」三者都夠強的話，那老師只好奉陪到底，學生都沒被嚇退了，老師豈能再潑冷水、扯後腿？

「思辨批判能力」、「挫折容忍力」、「時間管理能力」是關鍵能力。

3.「時機」問題

有些中學生很熱血，對於時事十分關心，總希望立刻能夠參一腳，甚至幫上一些忙，所以會在事件當口上急切地要拿來當成研究主題。

譬如臺北市政府主辦二〇一七年世界大學運動會，預計將選手村餐廳蓋在林口國中操場，因而引發軒然大波；學生希望打鐵趁熱，要去進行調查研究，了解當地居民對於臺北市政府作為的看法。然而，這個事件在二〇一六年五月的當下還在演變中，各方意見折衝分歧，各種力量交錯運作，而且又牽扯了臺北市前後任政府和新北市政府之間的競合關係，加上學生毫無相關的知識背景，亦無任何進行調查研究的能力，此時選擇這樣的主題來做，失敗的風險太大了。

4.「機敏」問題

換個方式說，問題就出在：完成研究所需要的最關鍵資料極不可能拿得到。

譬如想了解「無印良品」的行銷策略與營收之間的關係，學生需要人家的營運、統計、行銷決策等資料，以便進行因果分析；或者，西非國家塞內加爾在毫無徵兆情況下，於二〇〇五年十月二十五日與臺灣斷交，針

對這個事件，學生希望能取得外交部的檔案，以利探討其中的原委。

無論是企業或政府的檔案資料，只要事涉機密或敏感性，不要說高中生，恐怕連絕大多數的學者都不可能取得檔案資料進行研究。

5.「研究對象」問題

譬如訪談性產業工作者、手天使、檳榔西施、酒店公關、幫派成員等，這些主題雖然都涵蓋極其重要的社會現象，甚至連結相當值得探究的社會行為、結構、規範或價值等，但是由於帶有相當程度的研究風險，加上研究情境往往具有高度的社會爭議或敏感性，以高中生而言，無論身分或研究能力的侷限，選擇這樣的研究主題十分不適合。

6.「交通」問題

譬如想評估天母棒球場的效能，以及和社區的關係，而且希望能夠在當地進行調查研究，但無論從學校或家裡去，來回至少得花上三小時。還有學生甚至想要研究花蓮玉里地區蛇紋石礦業的興衰，或者雲林一家手工吉他製作樂器行及其創辦人的奮鬥故事，這兩個主題都很精彩，麻煩的是一在花蓮鄉間、　在雲林鄉間，往返都是舟車勞頓。

學生若想做這種「遠程」的專題，我通常都會多所了解，像上述這些研究主題，後來都順利完成，因為要嘛有「人脈」，要嘛有「地緣」關係，足夠抵銷「交通」上的耗費。換言之，如果只是純粹興趣，既無「人脈」，又無「地緣」，那就最好不要輕易嘗試。

6.「不成」問題

「不成」問題是一個玩笑的說法，真正的意思不是「沒問題」，而是

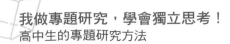

擁核只有風險，
沒有效益；反核
只有效益，沒有
風險？

武則天是女性主
義者？

兩宋紙幣發行具
備量化寬鬆的政
策調控機制？

「不成」問題的問題

根本就不是一個合理的問題，譬如從量化寬鬆政策探究兩宋的紙幣發行、武則天的女性主義實踐、論擁核之風險與反核之效益等，這類主題乍看起來頗像一回事，但實際上是虛假、或帶有高度偏見的問題。做為一個研究主題，自然是不恰當的。

合適的主題

選擇研究主題，是每一個準備進行專題研究學生首先要面對的問題。就臺灣的學生而言，從選擇主題，到終於確定一個題目，其實是很不容易的事情。

如果平日對於自己、周遭環境、社會、國家、國際，或者這個世界、這個時代沒有太多的關注或感受，要選擇一個主題，是困難之事。但有趣的是，每一次要學生先提交一個研究主題時，比較多的狀況卻不是沒有，而是提出很多個主題。等到開始和學生們討論時，很快地就會發現他們並沒有進一步的想法，他們和每一個主題或題目之間的關係、感受，其實都相當疏遠。

　　通常我總是建議，從自己的「日常生活世界」出發找主題，不必非要找那種聽了之後讓人肅然起敬、高遠深奧的主題不可。

　　具體而言，從「日常生活世界」出發，指的是跟自己的嗜好或專長有所關聯、課堂中的學習發現或疑問，或者是跟自己所屬的社團、學校、社區有所關聯的人事地物，這通常最親近，而且研究的發現也最具有感受。舉例如下：

★ 嗜好或專長

　　〈「五月天」音樂作品中的青春書寫〉、〈解構Lady Gaga——分析其視覺影像之文化意義〉、〈蘋果公司iPod系列產品定價策略〉、〈NBA中鋒角色定位與價值之演變〉

★ 課堂學習發現或疑問

　　〈千里山水一線牽——1887年「川石—滬尾」電報線架設始末〉、〈知識的自由—以寇斯定理看著作財產權的利用〉、〈GIS選址分析——以統一超商為例〉、〈普通高級中學物理科課程綱要知識結構變遷之探討——以九九課綱基礎物理（一）為例〉

★ 社團

　　〈「模擬聯合國」教育價值評析〉、〈臺北市立建國高級中學學生參與班聯會的情形與態度〉、〈校園辯論比賽中的不公平競爭〉

★ 學校

　　〈校園中垃圾桶配置的經濟模式〉、〈高三學生選擇大學就讀科系的影響因素和決策模式〉、〈師大附中直升學生學業成就與在校適應之研究〉

★ 社區

　　〈社區少年休閒運動行為之研究——以內寮社區為例〉、〈購物商圈之研究——Zoo Mall的過去、現在及未來〉

　　值得一提的是，與學生最親近的「家庭」題材，幾乎不太會直接成為

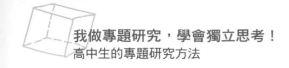
研究的主題，而是轉個彎，由家庭的「文化資本」、「社會資本」等促成研究主題的產生，譬如研究畫廊的經營、無線電台計程車隊司機的人際關係、緬甸華僑社會發展與認同的變遷等。極少數的例子是口述歷史，譬如訪談爺爺一九三〇至一九五〇年代那一段「大江大海」的故事，涵蓋從東北到臺灣的家族歷史；或者，家長克服肢體障礙，奮力成為輪椅舞者的生命故事。

歸納來看，一個稱得上是「合適」的主題或題目，應該要兼顧「合理性」和「可行性」，具體地說：

1. 研究主題或範圍比較小，要處理的概念、變項或焦點因而顯得單純及明確。

2. 自己在能力、人格特質，以及各種客觀條件上都足以勝任此一研究主題、範圍及方法。

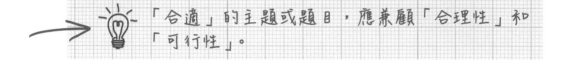

「合適」的主題或題目，應兼顧「合理性」和「可行性」。

研究如此「合適」的主題，比較有機會可以「勝任愉快」。

無論如何，進行專題研究總是辛苦的，假使在選擇主題的過程中能夠兼顧「合理性」和「可行性」，讓自己有機會是勝任愉快的，這可是讓研究的活動得以持續、完成的重要條件呀！

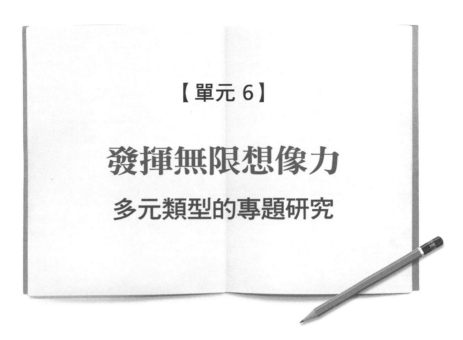

【單元 6】

發揮無限想像力
多元類型的專題研究

關於「專題」的單一想像

　　許多老師或學生一提到「專題研究」，自然而然就會聯想到「學術性質的（小）論文」，大抵上就是要有一個很上得了檯面的主題，還有非常嚴謹的架構，包括研究動機、研究目的、研究工具、研究對象、文獻探討、研究方法……等要項，最後當然少不了要提出發現與建議，以及一長串參考文獻等。

　　「專題研究」一定得長成這個樣子嗎？

　　大約十年前開始，我一直在反思這個問題。幾經衡量，加上教學現場因為指導專題研究而與許多特質大不相同的學生有深入的互動，我逐漸發現，並不是每一位中學生都準備好要做上述「那種專題研究」，更重要的是，他們並非因此就一無是處，他們在另外一種思考及寫作、表達的型式中相當具有潛力，甚至已經擁有很明顯的優勢能力。

　　那麼，我們為何一直堅持要學生們做「那種專題研究」呢？

要回答這樣的疑惑，我們當然就得返回本心（初衷）思考：讓學生練習進行「專題研究」，目的是希望他們學習到什麼？

關於這個問題的答案，絕大多數指導老師最具共識的主張是：磨練思辨能力，和寫作表達能力。當我再進一步請教：這些能力一定得經過那種「主流」的學術論文寫作才能培養出來嗎？多數人仔細地想一想之後，通常會認為「似乎未必」。

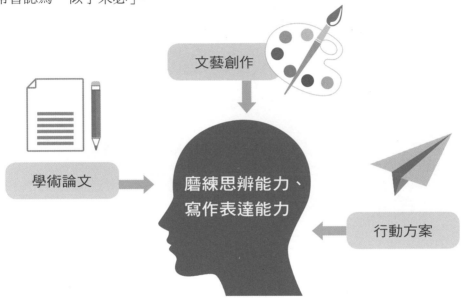

各類型專題研究皆能增進思辨及寫作表達能力

「另類」專題研究

曾經有一位學生原來試圖書寫「主流」形式的學術論文，但著手進行不久之後便遇到瓶頸，兩個月下來一籌莫展，每次談「專題研究」，整個人看起來就像一條蟲，幾乎就是原地「蠕動」。有過這種指導經驗的老師，大概可以想像如此糟糕的景況；而有過這種研究、寫作經驗的學生，八成都會是刻骨銘心、不堪回首。

　　話說回來，在跟這個學生多次會談的過程中，偶然之間聊到了攝影，他不經意地顯露出輕鬆、愉悅的表情；這是一位喜好攝影，手中有一台蠻好的照相機，曾經拜師、現在則是不時自學、練習相關技法的學生，抽屜裡已經累積了一些頗具水準的作品。

　　於是，我們的討論開始轉移焦點。

　　「辦個攝影展，如何？」

　　「應該可以試試看。」「但是，這是專題研究嗎？」

　　「你可以寫一個企劃書，選定一個攝影展的主題，討論希望展現的技法，以及更重要的，你的美學思考，想和這個世界或自己對話的一種行動展現。」

　　「這樣就可以了嗎？」

　　「嗯，這樣已經是很不得了了，不過，我再想想看。喔，對了，還不夠。企劃書裡應該還要加上工作進度，以及籌辦攝影展的時程、相關資源的彙整等等。剛剛提到的技法，如果有什麼流派、風格之類的，或許在企劃書裡面也可以做一些討論。當然，也可以參考一些攝影專書，進行比較專門性的探討，目的是要告訴大家，攝影不是拿起相機來拍拍拍而已，這裡頭是需要細膩的觀察、敏銳的思考、豐富的美學品味的，甚至於可能還蘊藏著淵遠流長的理論脈絡或學派風格。這些都可以在企劃書裡面做出交代。」

　　「然後，就是根據這個主題進行拍攝？」

　　「大致上是這樣。當然，你可以一邊拍攝，一邊回過頭來反思；企劃書的東西是要和你一直對話的，然後你要做決定，是要實踐企劃書原來的想法，或是做局部的修改、調整。對了，企劃書裡頭也要針對主題，做出說明和詮釋；這是你要和攝影展的來賓觀眾溝通的主題，當然要做出清楚的說明和詮釋。」

　　「攝影展辦完，專題研究就結束了嗎？」

　　「應該還沒有。我們最後有同學們的專題研究成果發表，到時候，你

應該要挑出幾張代表作品，依據剛剛提到那些企劃書的重點，透過作品，跟參與成果發表會的同學們、老師們分享。你要記得喔，他們有許多人是沒有參加你的攝影展，你如何運用短短幾分鐘，讓大家知道你的創作理念、作品特色和技法，以及裡頭所包含的意象或意義，這是你要傷點腦筋的。還有還有，或許你應該談談自己一路走來的發現和心得，包括拍攝過程，和舉辦攝影展這兩大部分，這也是很珍貴的成果。」

「好，我努力試試看。」

「講那麼多，現在，應該是先趕緊把企劃書寫出來吧。」

相對於其他同學，這個學生的感官是敏銳的、纖細的，他在原來「主流」形式專題研究的準備中，很快就直覺到自己的侷限與不足；至少在高中階段，他的思考特質和行事習慣難以消受「主流」形式專題研究那種比較硬梆梆、冷靜、嚴肅的「壓迫感」。在開始著手籌辦攝影展這樣「另類」的專題研究時，很快地他不再是一條蟲，而是一條龍，可以騰雲駕霧、活力無窮的龍！

那一學年即將結束時，攝影展順利辦完，成果發表會上的分享，也獲得許多來賓的關注和欣賞。而且在攝影展上，學生還加碼為他的作品、攝影展的緣起，以及如何觀賞攝影作品的小建議等，編寫了一份簡單的導覽手冊，而且還挑了一些代表作品，印製了明信片當成禮物。

整個來看，這個辦理攝影展的「另類」專題研究，學生的產出包括了企劃書、一系列具有主題性的作品、導覽手冊、明信片，當然還有那個令人驚艷的小型攝影展，以及最後的心得和反思。

相較於「主流」成果，他的產出有比較簡單嗎？顯然沒有！一樣是費心費力。

重要的是，在整個過程中，思辨能力、寫作能力有沒有磨練到？絕對有，而且至少還多了對於拍攝現場整個環境和主題之間多重關聯的洞察力，以及美學思考和表達能力的提升呢。至於要辦好一個攝影展，無論規模大小，都涉及到相當多元的能力，光是找場地、幫手、器材、經費這四

項，彼此之間就是連動的，不是線性思維可以搞定。

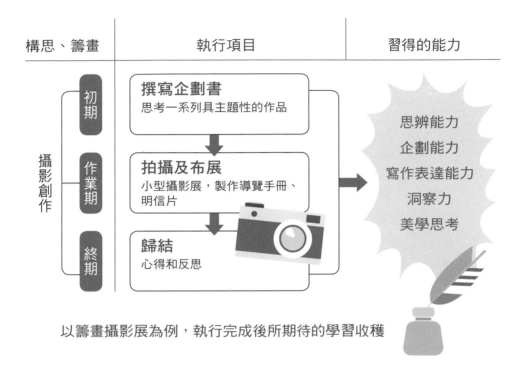

構思、籌畫	執行項目	習得的能力

攝影創作

初期 ── **撰寫企劃書**　思考一系列具主題性的作品

作業期 ── **拍攝及布展**　小型攝影展，製作導覽手冊、明信片

終期 ── **歸結**　心得和反思

思辨能力
企劃能力
寫作表達能力
洞察力
美學思考

以籌畫攝影展為例，執行完成後所期待的學習收穫

從「另類」到「多元」

多年來，在我或者其他指導老師與學生的互動中，一旦解放了想像，學生們的「另類」專題研究可真是五花八門，除了攝影展之外，還有很多很多，包括：

1. 畫展	2. 書法展	3. 音樂劇
4. 音樂創作發表會	5. 獨奏會	6. 紀錄片
7. 繪本	8. 新詩集	9. 小說

這些林林總總的型態，反映這個世代豐富的想像與行動，但他們在其中的發想、規劃與實踐，從教育的角度來看，可都是紮紮實實的學習與成長，殊途同歸。尤其，透過個別作品的完整發表，譬如演奏（唱）會、書畫展、攝影展、紀錄片播映、文學創作發表會等，作者、作品、來賓可以相互交流、激盪，這更是十分珍貴的學習成果。

但學生的「另類」還不只如此！

我把上述這些種種的專題，全歸類為「創作」，這佔了「另類」專題研究的絕大多數，但還有其他的「另類」，那就是「行動方案」。

什麼是行動方案呢？

簡單來說，就是學生有一個想要改變社會現況的具體構想，而且必須是要付諸實現的，從關懷、體驗到行動，是一體展現的。

一個例子是「外籍移工」。主要的工作重點是先研究在臺灣的外籍移工處境，這部分資料的掌握，途徑不少，包括：透過文獻以及訪談專門處理移工問題的非政府組織（NGO）、非營利組織（NPO），甚至參與他們若干的行動，深入了解外籍移工所面臨的有形、無形困境，以及歧視與傷害的景況。這個部分，大致上與多數學生的「主流」專題研究型態相同。

不過，走「行動方案」的學生接下來的重頭戲才要開始。

他們的目標是要讓學校裡的多數學生認知、理解，進而願意開始關心臺灣社會中的「外籍移工」問題，尤其是移工們的人權與勞動權。於是，他們規劃、執行了系列的行動，包括找圖書館合作，舉辦了與移工問題有關的書展、兩場的影片（紀錄片）欣賞，同時邀請學者專家在影片之後進行簡短的演講，並和觀眾互動討論。此外，他們也利用一些社群網站，發布經過仔細編輯的資訊，幫助關心此一課題的同學比較容易地掌握主要的議題內涵，並引發思考；同時他們也製作了一些海報，在學校認可之下，張貼於校園各處的公佈欄，傳達簡短有力的呼籲。

以上這些行動，要錢、要人、要資源，參與行動方案的成員必須自己

設法張羅，這裡頭免不了要提好多份的企劃書或構想書，加上良好的溝通能力，否則怎能說動NGO、NPO組織，和學校圖書館呢？

　　例如那些書展、影片、演講等，許多細節都需要成員的參與和承諾，學校圖書館的行政人員和老師只提供基本的協助，不能「代勞」太多，因為這是學生們的自主學習行動，學生自己得要承擔成敗的責任。

　　最後，還有一個重要工作：行動方案的團隊成員如何得知「行動成效」？換言之，他們手中蒐集了哪些證據，足以證明有相當人數的同學們開始產生改變，認知、理解，進而願意關心臺灣社會中的「外籍移工」議題？這裡頭涉及了「量」和「質」的資料，「量」的資料比較好解決，但「質」的資料如果在一開始沒有設想好蒐集證據的方式，事到臨頭，一定是措手不及的。

　　類似的行動方案還有一些，例如改善校園中飲水機接水盤的髒亂問題，或者利用寒暑假到偏鄉地區的小學推廣民俗體育活動等。其實，許多行動方案都可以跟目前正方興未艾的「服務學習」活動結合，落實「在服務中學習，在學習中服務」的精神。

　　一樣的，當我們回過頭評估，以「行動方案」來完成專題研究的學生，能力的要求有比較低、比較少嗎？思辨能力，有！寫作表達能力，有！此外，團隊工作與企劃執行能力、社會關懷的素養、改變世界的勇氣等等，也都有！

　　這些加總起來，不就是我們期盼這個世代的學生應該要具備的「國際競爭力」嗎？

行動方案可以落實「在服務中學習，在學習中服務」的精神。

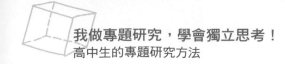

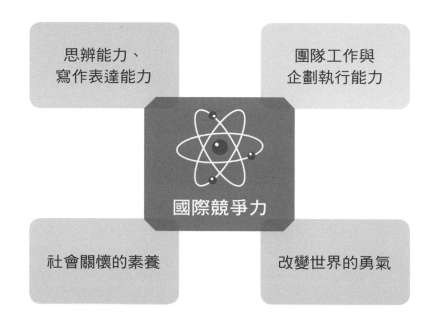

新世代學生，更應積極加強自身的國際競爭力

適性揚才

其實，主流和另類，從來都是相對的。許多主流，原本往往也是另類的。當我們引導、培訓學生進行理解世界、解決問題的專題研究活動時，關於知識的統整與應用，反思與關懷自己或世界的可能性便已大大的開啟了。

我們之所以傾向選擇學術論文來操作、實現這個教育目標，我認為可能原因有二：一是語文或數理符號的形式運思向來是學校最重視的兩種智能，至於和美感、倫理、環境、行動等相關的多元智能不免都比較陌生；二是學校老師們自己的學習和成長經驗大抵也都在偏重語文或數理符號形式運思的學校中養成，尤其又多具備了研究所的訓練，因此，選擇「學術

論文」形式來要求學生進行專題研究，可能都是不假思索的。

　　但如果從學生的角度來看，從多元智能的觀點來看，從適性揚才的教育目標來看，顯然我們對於「專題研究」類型的想像應該要解放，應該為不同特質的學生保留最大的可能性，允許多類型研究的並存，這包括學術論文寫作，文學或藝術創作，或者行動方案實踐等。當然，這些不同形式的專題最後都需要完成發表，才算研究的結束。

　　從理想來看，中學生專題研究的完成，最大的意義在於：「視野的交融與拓展」。這包括了「己—人」、「己—環境」、「己—文化」，以及「己—己」等視野的交融與拓展。

　　因為有了這麼一個Work（作品、工夫、活兒、勞動）的完成，而有了新的自己，以及理解世界的新方式、新觀點、新能力。

　　只要能夠達成這樣的效果就好，多寡深淺先不必太計較，終究都會是殊途同歸。

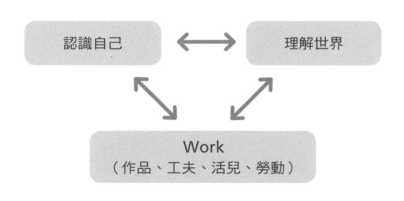

透過研究成果，理解世界、認識自己

心得筆記

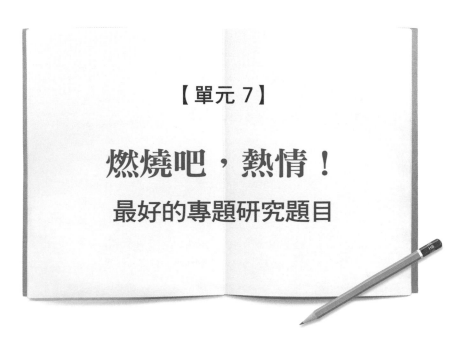

熱情和有趣

　　根據前面單元的討論，若中規中矩地談所謂「比較合適」的主題或題目，應該就是兼顧了「合理性」和「可行性」，包括：

　　1. 研究主題或範圍比較小，要處理的概念、變項或焦點因而顯得單純及明確。

　　2. 自己在能力、人格特質，以及各種客觀條件上都足以勝任此一研究主題、範圍及方法。

　　不過，以上這兩個條件比較屬於「客觀」、「知性」層面的要求，所謂的主題「合適」，應該還需要加上屬於「主觀」、「感性」層面的條件，一是熱情，二是有趣。

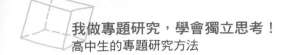

熱情

自己對於這個研究主題是熱情的。作者具有要跟大家分享的強烈動機，基本上就是想要說一個自己覺得很有意思、很愉快的「故事」。

有趣

這個研究主題對於讀者是有趣的。所謂有趣，不是指很時尚，或者動漫、電玩、手遊之類的休閒娛樂主題，而是「足以引起別人的注意」，最好的效果，通常出現在讓大家發現自己原來的想法是侷限的，甚至是偏差的，竟然還可以從如此意想不到的層面來了解一個習以為常的主題！

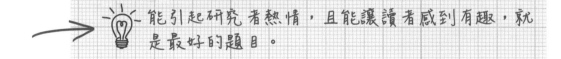
能引起研究者熱情，且能讓讀者感到有趣，就是最好的題目。

關於「熱情」，最好判別的方式就是跟學生對談。

如果學生談起他的研究主題時是眉飛色舞的，語句是急促的、幾乎沒有停頓，音量越來越高，全身散發著一股發自內心的欣喜，甚至有意無意間，顯露出為了這個研究「衣帶漸寬終不悔，為伊消得人憔悴」的一種精神，這就是熱情。

曾有學生在研究過程中，試圖找尋一本臺灣各大圖書館均無館藏的外文書籍，原本不抱希望，但偶然機會得知在拍賣網站上竟有人正要求售的消息，於是漏夜等候，幾經競標，終於搶購成功；若沒有熱情，怎會如此瘋狂！

再舉一個也是很獨特的例子。前面單元曾經談到西非國家塞內加爾在二〇〇五年與臺灣斷交的事件，當時就有學生在第一時間十分希望了解箇

中原委，於是請假去外交部求教。學生在服務台說明來意，被攔了下來；外交部亞西及非洲司得知有一個高中生想要研究這個主題，竟然派了人下樓，除了說明這個事件還在發展中，不宜研究之外，也對學生的好學及愛國之心讚許有加。隔了幾天，這名學生不死心，蒐集了一些資料、準備了幾個問題，再接再厲，又去外交部請教。結果當然還是碰了軟釘子，無功而返。學生後來畢竟是換了題目，但那股熱情轉移到新題目上的表現，依然令人印象深刻。

我們有多少人到目前為止曾主動登門拜訪外交部，讓官員們接待，還喝過人家兩杯咖啡呢？雖然題目沒做成，但這份傻勁、拼勁，真是讓人佩服啊！

關於「有趣」，仔細推敲來看，「題材有趣」是比較容易做到的，譬如研究台客文化、Cosplay、個性咖啡店等，題材都很能吸引人。至於「觀點有趣」，尤其是意圖改變一般的想法，這個難度就高多了。舉例來說，學習國樂多年的學生發現琵琶、二胡、笛、嗩吶等樂器其實都是由域外傳入，但它們都是國樂團裡的重要樂器，缺一不可。因此，學生希望透過這類樂器傳播的歷史，選擇唐代為範圍，探究中國的「胡化」歷史；換言之，目的是要透過樂器來討論唐代的「胡化」現象。對高中生而言，這是一個很吸引人的提問，關鍵在於多數學生誤以為中國歷史發展就是「漢化」，忽視了「胡化」的悠久過程與重大影響，但這樣一個大主題卻是可以透過幾個樂器的來龍去脈，具體而微地加以分析說明，以小見大，這就是有趣的所在。

另一個例子是，有一個學生很認真地分析臺北捷運路網中每一個轉運站的機能，他想要知道「臺北車站」這個Taipei Main Station的轉運機能真的是最強大的嗎？對絕大多數人而言，這個問題哪成「問題」呢？然而，經過資料蒐集、量化分析之後，結果發現單就捷運而言，竟是「忠孝新生站」略勝一籌！

簡單地說，「有趣」就是引導讀者來到一種 Aha moment，讓他們突

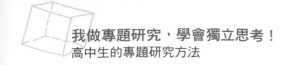
然之間有所領悟，或者出乎意料之外，但又是如此地 make sense，聽來合情合理。

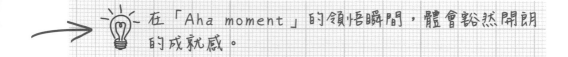

在「Aha moment」的領悟瞬間，體會豁然開朗的成就感。

相對於有趣，一個「無趣」的研究就只是重複說了大家都已經知道的事情，還沒看完就預知了結果；有少數人可能耐著性子看完，果然再度確認真的沒有一絲一毫的新東西，連述說的方式都了無新意。

當然，若就中學生練習做研究的角度來看，「無趣」倒是無可厚非，只要研究者本身還能保有熱情，不是只有複製貼上，沒有抄襲，這樣的習作仍然是有價值的。

足以因此而更認識自己

關於「合適」主題和題目的確定，還有另一層屬於「比較玄妙」的體會。

許多比較有經驗的研究者通常會深刻了解，「什麼人做什麼題目」，或者「什麼題目會給什麼人做」，即使不是冥冥之中自有安排，至少也高度關聯著自己的興趣、心境、資源、環境、際遇、人際關係、社會情勢、重要事件等生活或生命的變遷，往往是勉強不來的，或者說經常是「水到渠成」的。

這便意味著，所謂哪一個主題比較「合適」，其實並沒有固定不變的答案。中學生雖然年紀不大，但如果老師們去比較十年前和今日學生研究主題的選擇，還是可以看到一些變遷，不同時期學生所關注或理解的事情，其實是有差異的。

一旦了解到我們會選擇何種合適的主題來進行研究，可能正是一次自

我探索反思的歷程，或者是某種先前的生活經驗與自己的一次對話，這真是有趣的體會。

我知道，有一些學生在尋覓研究主題的過程中充滿挫折，更有部分老師未待學生思索，便直接提供研究題目。我只能說，如果沒有學生自己親身的探索、反思、抉擇，那個研究主題不可能是合適的。找不到研究主題，正是學生「認識自己」一次難得的機會，老師應該陪伴、引導及鼓勵，而不是給定一個題目，出手中斷學生「認識自己」如此珍貴的機會。

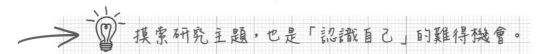

探索研究主題，也是「認識自己」的難得機會。

還有題目嗎？

關於尋找合適的主題，有一個重要的觀點也很值得分享。這是我親身的經歷。

三十多年前我就讀碩士班時，有一天和一位高我一屆的學長聊天。他談到找尋研究主題的大不易，話鋒一轉，好意地提醒我：最重要的題目差不多都已經被教授、學長姐做完了、解決了。當時我聽了一愣，但只是覺得學長怎會有這種想法，值得探究的題目明明還有很多啊！

這麼多年過去了，從今天來看，重要的題目只有更多，而沒有更少。我們能夠做的，絕不是只能在前人的稻田中進行拾穗的工作而已。

輕言「最重要的問題都已經被解決了」，其實不是謙虛，而是怠惰，或者對世界缺乏觀察和想像，對自己的認識應該也還有所不足。「最重要的問題」、「合適的主題」當然不太可能會俯拾皆是，我們往往必須深入挖掘、仔細檢視、多方提問，才可能發現「寶藏」。

只要準備夠、有創意，我們甚至還可能成為拓荒者！

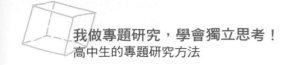

題目的擬訂

最後有一個比較屬於技術性的問題，但它常常困擾大家，就是一旦研究的主題、焦點、範圍確立之後，題目怎麼擬訂比較好？

首先，我們應該要知道，擬訂題目這麼一個「命名」工作總是持續的、滾動式的修改，在許多人的經驗裡，甚至於在研究成果最後差不多定稿時，題目才終於調整敲定。

其次，好的題目必須能夠呈現整個研究的精髓或主軸。與研究的內容和成果互相比對，過或不及的命名，都不是好題目，必須要剛剛好，「名」與「實」相符。

要把這個「命名」工作做好，比較容易的方法是先抓出自己的研究裡頭最重要、出現頻率最高的「關鍵字」（keywords），之後再去思考要加上什麼動詞、名詞搭配；或者，若有兩個核心的「關鍵字」，彼此的關聯應該如何串聯呈現，最能貼合研究主旨。

一個好題目，必須能夠讓讀者一看，大致上就能抓住研究的焦點、主題或問題意識，不會產生誤解，或者過度期待。

譬如說：〈「模擬聯合國」教育價值評析〉、〈唐詩中的「鞦韆」意象〉，這兩個題目已經將研究焦點具體交代，而且前者只探討「教育價值」，後者要處理「意象」，相當明確。

此外，像〈松山機場再國際化的效益與挑戰〉、〈獨立書店之空間經營與社會互動〉這一類帶有「A和B」的題目，也是常見的型態，但這兩個題目有些微差別。前者講明，希望從「效益」、「挑戰」兩個層面評估松山機場的再國際化。後者主要是想探討獨立書店的「社會互動」功能，但著重的是從「空間經營」所造成的「社會互動」有何改變；至於其他影響「社會互動」的因素，則不在討論範圍之內。

此外，還有兩個關於「命名」的小問題也經常困擾許多學生：

1. 可否使用兩段式命名，亦即題目是否可以包含一個主標題，和一

個副標題？

　　2. 非得使用「之研究」（或「之分析」、「之探討」）這類字眼嗎？

　　兩段式的命名之所以會形成一種「高需求」，主要原因有二，一是學生關心的研究主題雖然已經縮小了、聚焦了，但他們希望找一個明確的研究對象來研究就好，因此希望加上副標題來限定，甚至乾脆明言「以……為例」。

　　譬如說：〈英國與台灣歷史教科書之分析比較──以工業革命為中心〉、〈劇場空間與觀眾體驗之研究──以即興劇為例〉、〈戒嚴時期建中學生的言論：以《建中青年》為例〉。這幾個題目的前半，都是很大的範圍，表明了研究者所關心的主題，不過基於各種主客觀條件之考量，所以要做「小」一些。應該提醒的是，後半題目的「聚焦」，當然不是隨意找的，多數都是在研究進行一段時間之後才確定下來的。

　　另一個形成兩段式命名的原因，在於有些學生比較講究一種文學的、浪漫氛圍的傳達，運用主標題營造一個意象式的、情意性的理解，然後在副標題才說明真正的研究主題或焦點。譬如說：〈和平創造者還是希特勒幫兇──從衛報和泰晤士報觀看1939~1940年代張伯倫形象〉、〈改變世界的力量──社會創新在社會企業組織下之體現與實踐〉、〈衝入封鎖線──非主流的奧斯卡〉、〈文化「苦」旅──從旅行方式到文化散文〉。

　　從上述四個題目來看，前兩個題目的副標題有發揮功能，讓讀者一開始就能夠掌握研究主題或焦點；後兩個題目的副標題其實還是「言猶未盡」，依稀知道研究者的想法，但是「非主流的奧斯卡」，指的是另類奧斯卡，還是現有這個奧斯卡中的非主流；而所謂「非主流」，針對的確切焦點是電影作品、評審標準，還是導演或演員？把主副標題放在一起看，似乎是「主流」奧斯卡具有封鎖的行動，以至於「非主流」（作品、評審標準、導演或演員）要衝入？簡單地說，這個題目給人家的想像空間還是太大了。

　　至於最後一個題目的副標題「從旅行方式到文化散文」，這種「從A到B」文句形式，表明作者必然要處理「變遷」，基本上這是一個範圍還是很大，而且難度不低的工作；但整個專題研究其實針對的就只是余秋雨極少數作品的評析，並未詳細探究他的作品在時空中的轉變發展，這便讓讀者在題目和內文的理解之間，產生了不必要的感受落差。

　　關於「使用兩段式命名是否合適」的討論，還是見仁見智。基本上，仍應回到「必要性」基本原則：是否真的有此必要？會不會太累贅？

　　簡單地說，無論是功能性的（屬於第一種原因）、意象式的（屬於第二種原因），我們都可以努力一下，試試看能否把兩段式命名整併為一個

【表1】兩段式命名的可能修改

原題目	新題目
戒嚴時期建中學生的言論： 以《建中青年》為例	1. 戒嚴時期《建中青年》言論自由的實踐 2. 戒嚴時期《建中青年》言論自由表達的試探與界限
劇場空間與觀眾體驗之研究—— 以即興劇為例	1.「即興劇」的劇場空間與觀眾體驗 2.「即興劇」劇場空間規劃對於觀眾體驗之影響
文化「苦」旅—— 從旅行方式到文化散文	1. 余秋雨從東北遊歷到散文創作的文化「苦」旅 2. 余秋雨東北遊歷散文創作的文化「苦」旅
NBA戰場風雲—— 中鋒球員的角色定位與價值之演變	1. NBA中鋒球員角色定位與價值之演變 2. 1950年迄今NBA中鋒球員角色定位與價值之演變

比較是平鋪直敘的題目？如果可以，會不會產生誤解，或者讓原來的意義過於減損？

　　根據過往經驗，「以……為例」的兩段式命名，似乎比較有機會整併起來，至於意象式的命名，「平鋪直敘」和「引入入勝」之間似乎難以妥協，維持原來主副標題並用的方式，應該還是可以考慮的。

　　至於第二個問題會跑出來，當然是因為有很多人認為「之研究」（或「之分析」、「之探討」）是贅字，多此一舉。所有的專題研究本來不就是「研究」了嗎，幹嘛還要在題目上又去強調呢？

　　該不該把「之研究」拿掉，還是得回到「必要性」的基本原則，就是努力試試看能不能拿掉？只要無損於研究主題或焦點的掌握，「之研究」就乾脆拿掉，若還是覺得勉強，那就保留，無傷大雅。

　　譬如說：〈師大附中直升學生學業成就與在校適應之研究〉、〈普通高級中學物理科課程綱要知識結構變遷之探討〉等，若刪除「之研究」、「之探討」，並無礙於讀者的理解。

　　連同前面單元關於「合適的主題」的看法，總的來說，一個「最好的題目」應該要通過五個要素的檢核：

1. 研究主題或範圍較小，要處理的概念、變項或焦點因而顯得單純及明確。
2. 自己在能力、人格特質，以及各種客觀條件上，都足以勝任此一研究主題、範圍及方法。
3. 自己對於這個研究主題是熱情的。
4. 這個研究主題對於讀者是有趣的。
5. 題目沒有贅字，能夠簡明地呈現研究的主題或焦點，讓讀者一目了然。

專欄 讓研究主題帶有「問題意識」

　　在專題研究相關的學習活動中，從探究主題的選擇、題目的訂定，乃至研究動機和研究目的的呈現，或者整個探究、實作、寫作的過程，我們經常會一直聽到「問題意識」這個詞。而指導老師或評論者只消說一句：「你的想法（作品）欠缺問題意識」，幾乎就等於全盤否定先前的努力。

　　關於「問題意識」，在單元13探討「學術寫作」時，將會有比較正式的說明。我們在此處換個比較簡單的方式，處理「如何讓研究主題的擬定具有問題意識」的課題。

　　就中學生而言，在擬定研究主題時，建議首先思考：想處理的是「爭議」，還是「困惑」的問題？

　　什麼是「爭議」的問題？這有兩種型式：

　　1. 有人說A好，有人說B好，我認為呢？

　　2. 有人說A好，有人說A不好，我認為呢？

　　什麼是「困惑」的問題？其型式主要是：A不好，我希望如何解決？

　　採用具體的例子，加以進一步說明。

【表2】帶有「爭議」或「困惑」問題的研究主題設定

研究主題設定	實例	探究的方向或焦點
「爭議」的問題	有人說太陽能較適合臺灣未來的能源需求，有人說生質能其實才比較適合。	判斷太陽能或生質能，何者比較適合臺灣未來的能源需求。
	有人說基改食品沒問題，有人說基改食品大有問題。	判斷基改食品到底有無問題。
「困惑」的問題	人臉辨識系統容易侵犯個人隱私，不知該怎麼辦？	如何加以規範而降低侵犯個人隱私的風險。

　　只要在研究主題的擬定時，先想清楚要處理的，究竟是「爭議」，還是「困惑」的問題，就比較容易掌握探究的方向或焦點，連帶地，就比較能夠讓整個專題研究或探究實作活動，具備清晰的問題意識。

　　先想清楚要處理的究竟是「爭議」或「困惑」的問題，還有另一個好處：有助於將研究題目加以限縮（narrow down）、聚焦（focus）。

　　幾乎所有的人在擬定研究主題時，都會搞得太大，但這是很正常的事情。因為我們在一開始，總是不太能夠知道真正可以具體探究的焦點是什麼。如果我們確定自己想處理的是「爭議」或「困惑」，接下來在研訂題目時，就可以運用「爭議」或「困惑」來進行限縮、聚焦的工作。以下透過舉例，說明如何運用「爭議」或「困惑」，研訂出適合的「題目句型」。

1. 關鍵字＋爭議點或困惑點
    例：影響臺灣糧食自給率的本土變動因素分析
        原題目：臺灣糧食安全危機
    例：餐廳AI化提升顧客滿意度的挑戰
        原題目：餐廳AI化的利弊

2. 爭議點或困惑點＋關鍵字
    例：從極端氣候觀點探討臺灣咖啡種植區的變化
        原題目：臺灣本土咖啡
    例：從健康風險的角度探討萊克多巴胺殘留最大容許值的制訂
        原題目：臺灣開放美豬進口的爭議

3. 限制範圍（人、事、時、地、物等）＋以上任一句型
    例：在校園建立魚菜共生仿生態系統的成本評估
        原題目：魚菜共生對於環境的影響
    例：○○學校學生對於基改食品相關知識認知的調查與分析
        原題目：基因改造食品對人類健康、經濟和生態環境的影響

　　請仔細比較看看，在範圍或內涵上，調整過的題目是否都比原來題目具體多了？在清楚地以「爭議」或「困惑」來進行聚焦之後，帶有「問題意識」的探究焦點就能呈現出來了。

【單元 8】

從夢想開始
研究計畫的功能與內涵

何謂研究計畫？

　　望文生義，簡單地說，「研究計畫」（Research proposal）就是在描述未來研究將怎麼做，以及說明預期、嘗試完成的目標及內容為何。「研究計畫」是專題研究的第一個成果，是專題研究的根基；在性質上，「研究計畫」是一個關於研究將會如何進行的悉心規劃與設計。更進一步言，研究計畫完成之日，表示研究者「準備好了」（ready），已經確立了研究的方向、架構及焦點，甚至已經完成前置作業，可以進入研究現場（田野，field），蒐集實徵性資料（empirical data）。

　　另一方面，「研究計畫」通常是研究者第一次將研究的構想與初步準備成果呈現給讀者的正式文件，甚至於這些讀者就是擁有准駁權力的審查者，「研究計畫」的重要性可見一斑。所幸，中學生所撰寫的「研究計畫」通常沒有如此嚴謹的程序及沉重的壓力，但這並不意味著「研究計畫」的重要性就不復存在。

就中學指導學生進行專題研究的實務觀點來看，要求學生撰寫「研究計畫」，主要的功能自然更要縮小、降低，基本目標是：

1. 督促學生不要光說不練，透過「研究計畫」的撰寫，達到「從做中學」的效果，引導學生盡早進入狀況。

2. 在部分學校，學生自己必須先有個簡略的研究方向及規劃，才能確定指導老師，之後才在指導老師的協助下，完成研究計畫。因此，「研究計畫」產出的過程，便和指導老師的確定，形成一種連動關係。

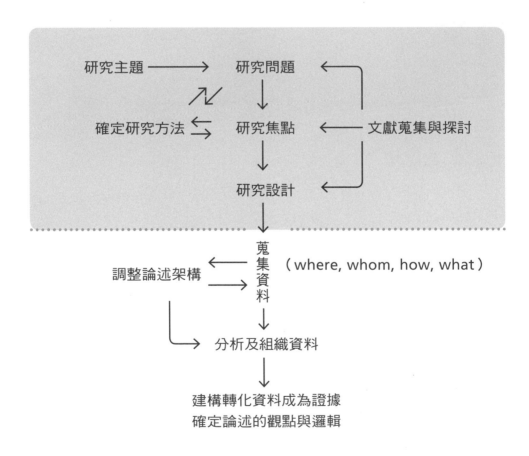

「研究計畫」在專題研究與寫作歷程中的關係位置

　　這個關於「專題研究與寫作歷程」的圖解，在本書中總共會出現五次。在虛線之上，主要代表的就是整個研究計畫的進行與完成，尤其是針對必須事先做好規畫和組織，以便進入研究現場的專題研究設計而言，至為重要；研究計畫完成之日，大概就等於可以進入正式研究之時。

　　從這個圖，大致上也能看到「研究計畫」階段要做的事情很多，這些工作在本單元前後的其他單元，都會一一說明探討。

通用的體例

　　雖然各種性質、領域不同的研究，或者不同機構的特殊要求，使得「研究計畫」的體例十分繁多，但一般而言，還是有一種「通用體例」可以參考，尤其對於初學者而言，這是很有幫助的。

　　下頁的表格1之所以會把「研究計畫」與「研究成果」的體例相比對，目的是要強調在「研究計畫」所完成的內容，其實將有相當的比例可能會在修改以後，挪用到正式的研究成果報告中，不會白費。

　　換言之，在撰寫研究計畫的階段應該要「慎始」，認真努力地準備，研究計畫本身既是一份獨立文件，同時也是正式研究的根基，並且往往會以某種意想不到的型態轉化成為正式研究成果報告的一部分。

　　關於「通用體例」各個項目在撰寫過程中應該具備的觀念與技巧，以及多數學生常產生的困惑，下一單元將會一一具體說明。

研究計畫的篇幅

　　關於「研究計畫」的準備，許多學生常常在一開始就會問：需要寫多少字？

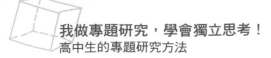
【表1】社會科學領域研究計畫與研究成果體例的比較

研究計畫	研究成果
題目	題目
摘要	摘要
關鍵字	關鍵字
一、研究動機（研究背景） 二、研究問題與研究目的	一、緒論 （一）研究動機（研究背景） （二）研究問題與研究目的 （三）名詞界定（名詞釋義）
三、初步文獻探討 　　（前人研究回顧、重要概念或理論分析）	二、文獻探討 （一）前人研究回顧 （二）重要概念或理論的分析[*]
四、初步研究規劃 　　（對象、方法、工具、主要運用的資料、資源、保密性或倫理考量等）	三、研究方法 （一）研究設計（研究模式、研究工具、研究程序） （二）研究對象（研究樣本、參與者、受訪者） （三）資料蒐集 （四）資料分析 （五）研究倫理（保密性、倫理考量）
	四、結果與討論 五、結論與建議
五、預計研究時程 六、本研究的價值 　　（重要性、可能貢獻）	
參考文獻	參考文獻

　　以往我對這個問題頗為不耐煩，原因在於「字數」根本是一個次要問題，學生應該優先關心的是「如何寫好研究計畫」才對呀！

　　不過，近年來我比較能夠理解學生的狀況，他們面對這樣一個陌生、而且看來很不好搞定的功課，直接反應能夠想到的，當然會是很粗淺的問題。如果陌生、難搞，又要長篇大論，那真是多悲慘的事啊！

　　其實以中學生而言，研究計畫的篇幅大約三至五頁是比較合理的要求；就字數而言，大約是兩千至三千字，應該足夠了。

　　如果是用來提報一個簡略的研究方向及規劃，以便「拜師」，請老師指導，或許兩頁篇幅，簡短寫出希望解決什麼問題、打算如何完成，直截了當就研究主題本身，說明計畫中關於研究的「什麼」和「如何」兩大重點即可。

　　千萬不要小看兩頁，或三至五頁的篇幅。如果沒有仔細思考過，甚至先做一些相關文獻資料的閱讀，即使兩頁，也是寫不出來的，或者只能「無病呻吟」而已。

　　學生當中許多「過來人」都很清楚，字數少，其實在寫作要求上，考驗反而是比較困難的。

創作計畫及企劃書的撰寫

　　「研究計畫」、「創作計畫」或「行動企劃書」，在性質上都是「提案」（proposal）。雖然「研究計畫」的通用體例無法完全符合「創作計畫」或「行動企劃書」的撰寫需求，不過，根據這幾年的一些經驗，「創作計畫」或「行動企劃書」的體例再怎麼多元，重點仍是集中在兩大項：「打算要回應／發現／解決什麼問題」，以及「打算如何完成」。

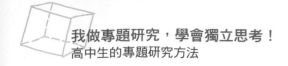

因此，「創作計畫」或「行動企劃書」仍有其「基本款」，包括：

1. 動機或背景
2. 問題或目的
3. 與主題相關的議題或問題之初步探究
4. 執行的規劃（含時程規劃）
5. 成果呈現方式

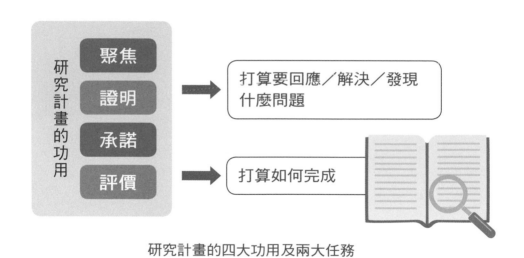

研究計畫的四大功用及兩大任務

溝通的誠意

「研究計畫」是關於專題研究的初步構想與行動的規劃。一份理想的研究計畫，應該具有「聚焦」、「證明」、「承諾」、「評價」四種功能。

簡單而言，研究者應該要經由「研究計畫」（或者創作計畫、行動企劃書），嘗試告訴讀者：「我已經有足夠的能力和規劃進行此一專題研究了！」

1. 聚焦：

透過研究動機、研究問題或研究目的等，提供自己看待研究主題的基本想法與研究焦點。

2. 證明：

經由初步的文獻探討，提供自己在研究主題上已經做出的努力與準備，證明自己的想法不是天馬行空，而是具備以前人研究作為根基的條件。

3. 承諾：

經由初步的研究規劃及預定的研究時程，提供自己將如何進行、完成專題研究的做法。

4. 評價：

透過研究價值或重要性的說明，預估此一專題研究可能獲得的結果，以及可能具有的意義與價值。

　　但是這個「告訴」，不是以文字直接宣稱「我準備好了」，而是在研究計畫各個要項字裡行間的說明，清晰地顯示出研究者已經將自己的基本想法、規劃和一些文獻資料整合在一起，形成有焦點、有脈絡、有邏輯的推理與論述。

　　除了指導老師之外，研究計畫的讀者通常不曾跟研究者討論過具體內容，因此，如何在沒有研究者親口解說之下，讀者能夠經由閱讀而掌握研究者的基本想法、推理與論述，以及初步的規劃安排，這是研究者在撰寫研究計畫時必須注意的，這就是所謂的「溝通的誠意」。

　　寫出來的東西，人家可以直接了當看懂，而且還能夠感受到認真、熱忱，這就是一份具有溝通誠意的研究計畫。

心得筆記

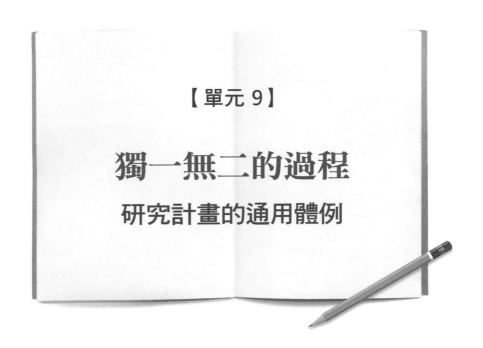

【單元 9】

獨一無二的過程
研究計畫的通用體例

　　延續上一單元提到的「通用體例」課題，以下就按照這樣的體例，將構成「研究計畫」幾個基本要項的內涵加以解說。

　　此外，為了讓中學生在撰寫研究計畫時能有更好的參考作用，也將針對中學生在各個要項中容易產生的疑惑，預先加以回答。

關鍵字

　　「關鍵字」的英文是Keyword。從Keyword這樣的英文字詞，我們比較容易掌握「關鍵字」的關鍵作用。

　　每一個關鍵字就是一把Key，至少可以打開一座寶貴的「資料庫」，有了「資料庫」，我們就可以搜尋、篩選所需的文獻資料。在研究計畫撰寫階段，應該設法多找幾把這樣的key，增加自己對於研究主題的廣泛認知，然後再逐步收斂想法，漸漸凝聚研究焦點。

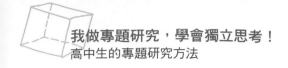
至於去哪裡找 key 呢？先從自己設定的研究主題下手，研究主題通常可以提供幾個關鍵字；然後就是根據這幾個可能的關鍵字，查找期刊論文、學位論文或圖書出版品的資料庫，篩選出可能的文獻資料，再看看它們使用哪些關鍵字，接著展開下一輪的查找，以此類推。

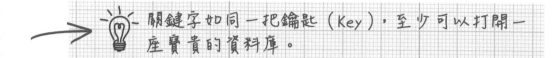

關鍵字如同一把鑰匙（Key），至少可以打開一座寶貴的資料庫。

關鍵字的查找，可說是研究計畫撰寫階段前一半時程的重頭戲之一，但這是值得的。在一個研究中，最核心的「關鍵字」通常有三至五個，這就是逐步比對、聚焦的成果。「關鍵字」也可以幫助讀者，在一開始時就能初步掌握此一專題研究的焦點。

研究動機

就中學生而言，說明「研究背景」是一個比較困難的要求；退而求其次，主要是呈現自己的想法或疑問的「研究動機」，則是一個比較容易發揮的題材。

「研究動機」通常起於「好奇」或者「疑惑」，而由此所關聯出來的研究意圖，主要是為了探索問題的真相，或是想提出解決問題的方法；當然，有少部分的學生則是試圖將重點放在釐清過去研究的矛盾，或檢核理論內涵、驗證理論的應用等。

至於「好奇」或者「疑惑」通常是從生活經驗、社會事件、讀書心得當中引發，因此具有非常切身的感受。只要能夠將這樣的切身感受表達出來，筆鋒帶著感情，進而帶出自己的研究意圖，這是最起碼的「研究動機」。

「研究動機」更好的撰寫方式，是至少引用一、二筆資料或數據，呼

應自己的研究意圖，但只要平鋪直敘即可，不必長篇大論，或者過於瑣碎的嘮嘮叨叨。這是研究計畫的「開場白」，目標是引發讀者的興趣，讓他們產生如同你一般的「好奇」或者「疑惑」，這就對了！

研究問題與研究目的

就中學生而言，說明「研究問題」是一個比較困難的要求，但卻無法迴避，這是確立研究計畫得以成立和展開的關鍵。

從「研究問題」的角度來看，前面的「研究動機」主要只是針對所發現的問題景況加以描述即可，至於這些需要探討的問題的詳細分析，就要在「研究問題」項下處理。

「研究問題」的確立和「關鍵字」的查找一樣，都是研究計畫撰寫階段前一半時程的重頭戲，而「研究問題」和「關鍵字」兩者之間，當然是環環相扣、交互影響的。

然而，有不少學生在「確立研究問題」時，遇到瓶頸，可能是想法太多，也可能是想法過於貧乏、薄弱。通常我會提醒、引導學生展開與自己對話，暫時不要查找資料，坦誠地問自己，「在內心深處最想要的發現是什麼？」或者，「最困擾自己的問題、現象是什麼？」

試著將它說出來、寫下來。

從這樣的「坦誠相見」重新出發，再來思考：「希望利用這一個專題研究解決的問題是什麼？」找出來的研究問題，一定要具體地寫下來，不能只是用想的，或是一段含含糊糊的描述；研究問題的敘寫，應該設法將主要概念或關鍵字包含進來，同時要開始嘗試帶入假設，或者推論思考，具體點出「需要解答／解決」的課題或難題究竟為何。

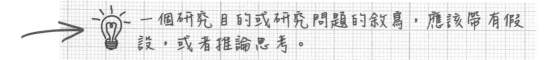

一個研究目的或研究問題的敘寫，應該帶有假設，或者推論思考。

113

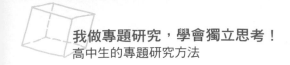

敘寫下來的研究問題，還是免不了要與查找到的參考文獻加以「對話」；應該要強調的是，與文獻「對話」，是要幫助我們釐清研究問題的盲點，或者發現不可行之處，優先清除這種可能導致專題研究窒礙難行的陷阱。

等到研究問題可以確定之後，接下來就是撰寫「研究目的」，同時往往也需要回過頭去修改「研究動機」原來的敘寫方式（但也可能會局部修改「研究動機」本身），以便前後呼應。

研究動機和研究問題的敘寫，通常都會由數個段落所組成，但在撰寫研究目的時，習慣上是以條列形式，每一個研究目的都是一至二行簡單明瞭的一句話，敘述研究所要探討的方向與重點。而且，研究目的應該與關鍵字有緊密關聯，避免失焦。

初步文獻探討

無論研究計畫階段，或是正式執行研究的初期，「文獻探討」都是重要的工作，因此本書另闢有專門的單元（第十五單元）加以處理。

此處應該先行強調的是，在研究計畫階段進行「文獻探討」，主要目的有三：

1. 評估研究的可行性。
2. 協助確立研究問題的範圍和焦點。
3. 提供規劃研究進行的適用方法，以及需要事先注意、準備的重要工作。

所謂「文獻」（literature），主要是指在類似、相近研究主題下既有

的前人研究，或者與研究主題相關的重要理論等。文獻探討的重點在於回顧與分析，從中發現自己的研究可以參考的觀點或概念，以及可以切入處理的層面或方式。

　　當然，因為是研究計畫階段，這是屬於展開一項專題研究的最早期，此時即使是針對「研究問題」，可能都還在摸索狀態，哪能明確地知道要找什麼文獻？但換個角度來看，查找文獻是有助於釐清研究問題的，兩者絕不是一前一後的關係，而是交引纏繞的、互相幫助的。所以，重點就在於：「坐而言，不如起而行！」

　　至於在研究計畫裡頭，「應該要放進幾筆文獻呢？」這也是學生經常提出來的問題。

　　考量中學生確實需要一個「量」的具體估算，才會心安，我覺得比較好的衡量方式，應是「初步文獻探討」在研究計畫全部篇幅中最多佔三分之一，或者與研究動機、研究問題或研究目的一併計算，佔全部篇幅的二分之一至三分之二。至於文獻的數量，至少三篇，應該是合理的要求。

初步研究規劃

　　因為中學生通常不具備規劃（plan）專題研究的經驗及能力，所以要完成這一部分的工作，也是一個挑戰。最好的方法，當然就是趕緊設法尋求支援，從類似的前人研究中，或從指導老師、相關的學者專家中，發現Know how，並選擇適用的方式，而非貪多務得。

　　一個研究的規劃，會因研究類型、學科領域的差異而大不相同，但大抵上可以從「研究對象」、「研究方法」、「研究工具」、「資料蒐集與引用」、「保密性或倫理考量」等方面著手。針對「研究方法」、「資料蒐集與引用」二項，本書第四部各有專門的單元加以討論。「保密性或倫理考量」議題，則在下文附錄討論，另在第十七單元「訪談」中也有所說明。

　　但在此要針對「研究方法」先行說明的是，許多學生的專題研究總

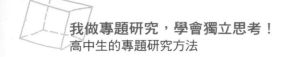

是會安上一個，乃至兩三個某某研究法，但都沒有具體說明選擇此一研究法的考量，以及根據此研究法而來的研究活動將會如何展開等進一步的資訊。換言之，在「初步研究規劃」中，讀者希望看到的是：研究將會如何進行、如何完成？這才是實質要處理的重點，而非僅列出一個虛名。

選擇某某研究法，研究者自己要先做到「循名責實」，也就是說按照這個「某某研究法」，詳述名實相符的實際內容，包括資料怎麼蒐集、分析，研究流程或架構為何等重要資訊。

此外，在文學、哲學或歷史學的研究中，「研究對象」、「研究工具」兩項通常可以拿掉，「保密性或倫理考量」則要視情況而定，例如在一些涉及訪談的個別研究中，保留此項加以說明，事屬必要。

在中學生的研究中，有相當比例的專題僅是從多筆文獻資料中爬梳，就一個課題的某個理論或核心概念加以探究，透過文獻資料引用形成論據，再和帶有自己觀點的論述共同建構專題成果報告。因為研究者並沒有實地蒐集第一手的經驗性／實徵性資料，因此這一類專題研究也就不必交代「研究對象」、「研究工具」了，甚至於也不必就「研究方法」做過多的說明，更毋須硬湊瞎掰什麼「文獻回顧法」、「文獻探討法」、「數據分析法」！

研究對象	研究工具	研究方法
孔子、碳足跡、媒體、臺北、工業革命……	筆、紙、便利貼、電腦、隨身碟、大腦……	資料蒐集法、文獻回顧法、統計分析法……

硬湊瞎掰，多此一舉

預計研究時程

中學生在研究計畫階段規劃專題研究的時程，有兩個重點得先掌握：

1. 如果研究時程超過一個學期以上，對於整個時程的規劃便要加倍仔細，通常可以運用「甘特圖」（Gantt chart）來描述，用來顯示與管理專題研究各個主要工作的內在關係隨著時間遞移的可能進展情況。如果研究時程在一個學期以內，運用簡單的長條圖，或直接以文字描述，應該就可以符合需求了。

2. 純粹處理理論、概念或文獻、史料的研究所需要規劃的進度，是和「經驗性研究」（empirical research）大不相同的；而量化研究和質性研究彼此主要工作的內在關係，以及隨著時間遞移的可能進展情況也大不相同。換言之，研究時程的規劃高度與自己選擇的研究方法和類型相關。關於這個課題的詳細討論，可以參看第十六單元。

當然，規劃是一回事，能否確實執行，又是另外一回事。時間，永遠是最為珍貴的資源。為了讓研究寫作能把握時間，更有效率和品質，本書在第三單元特別扼要地探討了「時間管理」，也在第十一單元提供一些實用的建議，希望大家在研究的過程中比較能夠從容不迫、不至於在研究後期過著太多「爆肝＋黑眼圈」，「亡羊補牢」又事倍功半的日子。

本研究的價值

通常這是和預期的研究結果一併衡量的，主要是提供讀者關於本研究的重要性或可能貢獻；在性質上，它所回應或凸顯的是屬於 Why 的課題——進行這個專題研究的理由？成果將會具有何種意義或價值？

「本研究的價值」當然也需要和「初步文獻探討」的發現相呼應，因為在確立研究問題的範圍和焦點的過程中，應該就會發覺自己這個專題研

究可以著手處理的方向與重點，這自然而然就會引導出研究的價值、重要性或可能貢獻。

「本研究的價值」屬於研究計畫的一個亮點，不必長篇大論，只要能夠和前文一氣呵成即可。

應該說明的是，許多學生在面對「本研究的價值」的撰寫時相當躊躇，因為他們不認為自己的專題研究可以為「知識」或「世界」帶來什麼改變。會出現這種疑慮，尤其最常發生在那些僅是希望爬梳文獻資料的專題研究上。

站在鼓勵、引導的立場上，我總是會回覆：「只要在研究過程中發現了自己不曾了解的知識，而且不是片段的，是具有系統性的，甚至可以用自己設計的圖表加以整合描繪，這就是可能的貢獻。」儘管某個課題相關知識內部關鍵要素的關係或理論內涵，早就已經為學者專家所熟知，但就前所未知的中學生而言，基於好奇或疑惑，他以自己的方式思索、發現了這樣的關聯，並以自己的文字及圖表說明此一關聯，這就是屬於自己的「原創」。

為了設法幫學生增加專題研究的價值或可能貢獻，通常我會建議他們：「是否考慮將研究主題與現今某個相關的議題、事件、趨勢、挑戰等加以比對，運用自己的研究發現來進行反思、批判？」如果他們願意了，那就更好。不過，勢必得回過頭修改研究計畫，至少「研究問題與研究目的」是必須配合調整的。

參考文獻

許多學生在撰寫這部分時，最主要的疑惑是：曾經查找過的資料，需要全部都放進來嗎？

答案是：「沒有必要」。只需列出真正引用的，有實質參考價值的資料即可。

　　相對於「參考資料」、「參考書目」而言,「參考文獻」應該是比較合用的字詞,因為參考的來源通常不會只有書籍。「參考文獻」的書寫方式不能任意而為,這是有明確的格式要求,同時也和各筆文獻在內文中的引用有緊密關聯。為了幫助中學生了解「參考文獻」的書寫格式,以及在內文引註時的呈現方式,本書在第十四單元的附錄會有詳細說明。

　　以上就是針對通用體例中各個要項的一般性說明。

　　這些要項落實到大家的專題研究中,通常會因應不同需求或考量而整併、拆解、留存、捨棄、新增,或者更動前後次序等。在撰寫研究計畫,或進行專題研究中,每一個認真想把這個功課做好的人,一切的過程和選擇其實都是獨一無二的;最合適的,就是最好的。

專欄 淺談研究倫理

科學醜聞

二〇〇四年初，韓國生命科學家黃禹錫（1952~）宣布在人體胚胎幹細胞的研究上取得重大突破，這對於罹患痼疾而引領企盼幹細胞治療的人來說，真是福音。

黃禹錫的「科學福音」大約宣揚了一年半，到了二〇〇五年底，科學界及新聞界先是揭發黃禹錫研究所使用的卵子在取得上違反研究倫理，尤其從實驗室的女性助理取得卵子，更是相當嚴重的錯誤行為。

但原本僅是涉及卵子取得的程序正義問題，不久之後案情急轉直下，科學界發現黃禹錫的研究從頭到尾都造假，相關的發現及突破根本不存在。「科學福音」迅速變成「科學醜聞」！

黃禹錫隨後辭去在首爾大學的教職，韓國檢察機關於二〇〇六年五月予以起訴，二〇〇九年，黃禹錫遭法院判處有期徒刑。

「研究倫理」的兩個面向

黃禹錫嚴重侵犯了兩個「研究倫理」問題，值得我們關注。

一是實質的倫理問題，這指的是足以影響研究結果正確性的問題。一般最常見的是研究資料、數據造假，或者參考來源引用不當、抄襲。講得直白一些，就是自己根本不可能循自己的本事、正常的方法來獲得那樣的研究發現或突破，但卻大言不慚地據為己有。

二是程序的倫理問題，這通常是指資料的取得過程有瑕疵，或者爭議。譬如，沒有跟研究對象說明清楚其參與研究過程中應有的權益或可能的風險、未善盡保護其隱私或個資的義務等。在涉及人體健康或生命的研究中，這類型的倫理問題特別受到嚴格的規範。

從程序的研究倫理來看，黃禹錫絕對不可以從其助理取得實驗用的卵子，即使助理是「自願」的。主要的理由在於，黃禹錫和女性助理之間存在著不對等的權力關係，女性助理很可能是基於利益考量，或者畏懼老闆的權威，而「自願」捐出卵子。

相對於實質問題，這種經常是隱而未現、未損及研究正確性的程序倫理問題，其實也應該受到重視。關鍵就在相對於研究團隊、研究對象、研究田野而言，研究者（計畫主持人）通常擁有比較充沛的資源、強大的能力，以及動見觀瞻的公共形象和發言權，簡單講就是有權、有勢、有錢、有能，如果欠缺自律，或者應該遵守的公共規範，難保研究者不會便宜行事，甚至恣意妄為，進而損及人權，或者傷害公眾的生存利益，只是為了成就其「偉大」的研究發現。所以，基於對倫理或法治的尊重，也是考量防微杜漸的需求，研究上的程序倫理必須格外強調。

值得一提的是，中學生的專題研究可不可能涉及人體健康或生命的課題呢？大體而言，可能性偏低。但是，如果我們將焦點轉移到實驗用的動物時，涉及的可能性就提高了；換句話說，動物的健康或生命問題，一樣是研究倫理規範的重點。

「研究倫理」的原則與重點

歸納而言，絕大多數中學生進行專題研究時必須遵循與維護的研究倫理，基本原則有二，一是「誠實」，二是「尊重」。具體來看，則包括以下三個重點：

　　1. **知情與同意**：研究者必須確保研究對象是在充分了解與認可研究資訊的前提下，才同意參與到研究活動中。

　　2. **人格權與所有權**：即使獲得研究參與者的知情同意和提供，來自於他們的私人資料（包含基因樣本），以及因此而取得的研究發現和後續運用，研究者都必須尊重研究參與者原本應該擁有的權益，尤其是人格權和所有權。

　　3. **保密與保護**：研究者必須盡最大力量保護研究參與者的個資和權益，當可能造成傷害的風險無法控管時，或者涉及研究者自己的利害衝突時，就必須中止（迴避）該研究行動，以維護研究參與者。

　　此外，關於「研究倫理」還有一個應該注意及深思的狀況，這就是研究者可否批評研究參與者，或研究田野？該不該「為賢者諱」？

　　基本上，研究並不是「審判」，但也不應該是「宣傳」，研究最基本的性質是發現真相，雖然真相往往有許多面向，而且探索真相的過程經常是複雜的，存在許多曖昧不明的狀態，但在「保密及匿名」、「有一分證據說一分話」，以及「出自善意地提供建設性的意見」等原則下，揭露研究參與者或研究田野的問題，應是無可厚非的。

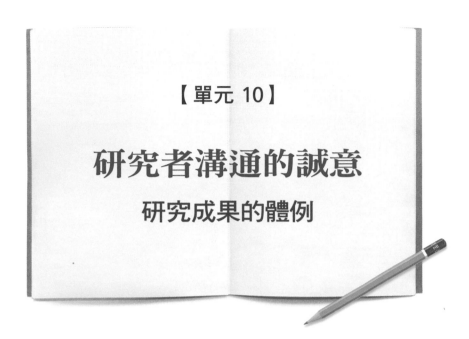

【單元 10】

研究者溝通的誠意
研究成果的體例

數理科學領域研究成果的體例

之所以先提數學或自然科學（物理、化學、生物、地球科學、資訊科技等），是因為相對於人文或社會科學而言，中學生數理科學領域專題研究成果的體例通常比較簡單一些，請見下頁表1常見體例。

應該要稍加說明的是，數理科學領域研究成果的篇幅通常不大，甚至可能只有短短十來頁，而且文字的部分也不多，以數據、圖表、公式、定理、理論模式等來呈現相關的思考、推導過程與發現，才是主要的表達形式。

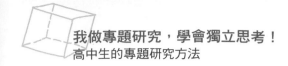

【表1】數理科學領域專題研究成果的體例

中文	英文
摘要	Abstracts (Summary)
關鍵字	Keywords
研究背景（研究動機、研究概述、前人研究探討）	Background (Motivation, Introduction)
研究目的	Objectives
研究方法	Methods (Experimental methods)
研究過程	Research process (System development)
結果與討論	Results and discussion (Evaluation results)
結論與應用（結論與建議）	Conclusions and future applications (Conclusions and suggestions)
參考文獻	References

社會科學領域研究成果的體例

人文及社會科學專題研究涉及了量化、質性，以及文學、哲學、歷史學等不同的研究典範，或者是「按部就班」、「任其自然」的研究行動之種種差異，隨著這些差異，研究成果的呈現方式自然也就跟著大不相同。

以下是在學生作品中比較常見的體例，這通常是社會科學（而不是人文學）領域中屬於量化研究、事先組織好（按部就班）的研究所慣用的體例，和數理科學領域的研究體例頗為相近。

【表2】數理科學領域與社會科學領域專題研究成果體例的比較

數理科學領域	社會科學領域
摘要	摘要
關鍵字	關鍵字
一、研究背景 （研究動機、研究概述、前人研究探討） 二、研究目的	一、緒論 （一）研究動機（研究背景） （二）研究問題與研究目的 （三）名詞界定（名詞釋義） 二、文獻探討 （一）前人研究回顧 （二）重要概念或理論的分析
三、研究方法（研究架構與方法） 四、研究過程	三、研究方法（研究架構與方法） （一）研究設計（研究模式、研究工具、研究程序） （二）研究對象（研究樣本、參與者、受訪者） （三）資料蒐集 （四）資料分析 （五）研究倫理（保密性、倫理考量）
五、發現與討論（結果與討論）	四、發現與討論（結果與討論）
六、結論與應用（結論與建議）	五、結論與建議
參考文獻	參考文獻

說明：本表所指「社會科學研究」，主要針對量化研究、事先組織好的研究類型而言。

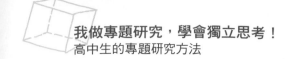

　　上頁表中打上＊的部分，應該要放進去的是：依據每個研究所需，必須加以分析、處理的重要概念或理論；通常這些需要分析探討的重要概念或理論往往不只一個重點，因此得依據重點，區分成（二）、（三）……來處理；或者，也有可能原來在「（一）前人研究回顧」中要處理的資料，可以打散、整併到重要概念或理論項目下探討，如此一來，就可以依據這些重要的概念或理論，區分成（一）、（二）、（三）……，逐一加以處理。

　　此外，表中各個項目（章節）的次序並非不能更動，目前所呈現的次序是比較常見的形式，但不排除依據每個研究的特殊考量而有所調整。

　　為了讓大家更清楚地掌握專題研究成果的體例，以下將前面曾經探討過的研究計畫體例拿來做比對，更可以了解整個研究過程的脈絡性。

【表3】社會科學領域研究成果與研究計畫體例的比較

研究成果	研究計畫
摘要	摘要
關鍵字	關鍵字
一、緒論 （一）研究動機（研究背景） （二）研究問題與研究目的 （三）名詞界定（名詞釋義）	一、研究動機（研究背景） 二、研究問題與研究目的
二、文獻探討 （一）前人研究回顧 （二）重要概念或理論的分析	三、初步文獻探討 （前人研究回顧、重要概念或理論分析）
三、研究方法 （一）研究設計（研究模式、研究工具、研究程序） （二）研究對象（研究樣本、參與者、受訪者） （三）資料蒐集 （四）資料分析 （五）研究倫理（保密性、倫理考量）	四、初步研究規劃 （對象、方法、工具、主要運用的資料、資源、保密性或倫理考量等）
四、結果與討論 五、結論與建議	
	五、預計研究時程 六、本研究價值 （重要性、可能貢獻）
參考文獻	參考文獻

說明：本表所指「社會科學研究」，主要針對量化研究、事先組織好的研究類型而言。

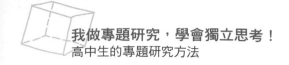

　　至於表中各個項目的內涵、在專題研究中所具備的意義或功能等，可以參考「研究計畫」相關單元的討論，以及關於「文獻探討」、「研究方法」等單元的說明。

質性或人文學研究成果體例

　　質性研究或人文學研究通常在研究計畫階段，或者整個研究的過程中，不太可能是秉持著一種嚴密組織好的研究設計、事先設定的資料內容等按部就班地進行，相反的，質性研究或人文學研究比較有可能是採取開放性的問題、鬆散的研究設計、沒有預先組織好的資料等，逐步地型塑、建構、發展、豐富整個研究的歷程、觀點或概念，以及最後的發現。

　　當然，為了讓讀者能夠比較理解整個研究的脈絡或邏輯，研究者通常會重新梳理、安排整個研究成果的體例架構，但這並不等於是實際的研究進行或完成的順序。實際研究的進行，可能是來來回回的，而每一部分最後完成的順序，也會因各種可能的因素而變動，通常都不會和研究成果報告的章節先後順序一致。我曾經聽過許多朋友、學生分享類似的研究經驗：「緒論」和「結論與建議」是最後才定稿的。

　　有關這種研究和寫作發表之間次序的差異，第三部在關於「寫作」的幾則探討中將加以說明；另外，也可以回到「研究計畫」的幾則討論中相互比對。

　　由於質性研究或人文學的專題研究成果體例比較不容易以一種模式套用，以下便具體舉幾個例子，方便大家能夠理解，舉一反三。

【表4】質性或人文學專題研究成果體例與說明（一）

專題研究示例	分析說明
「台灣民族主義發展」歷史分期理據的分析	

專題研究示例	分析說明
第一章 緒論 　第一節 研究動機與目的 　第二節 研究方法與架構 　第三節 名詞釋義 **第二章 台灣民族主義的歷史研究** 　第一節 台灣民族主義的定義 　第二節 上溯至日治時期的台灣民族主義 　第三節 認為台灣民族主義從戰後開始的相關論述 　第四節 結語 **第三章 台灣意識／台灣認同的歷史發展** 　第一節 台灣意識／台灣認同的定義 　第二節 台灣意識／台灣認同對民族主義之影響 　第三節 結語 **第四章 結論**	1. 這是一份涉及歷史學、政治學和社會學課題的專題研究。 2. 主要使用的研究方法是以當代學者論著為主的文獻分析，而最具價值的研究成果，則是作者嘗試整理出一個「台灣民族主義」發展的歷史分期架構，並探究其中所涉及的理據／論據，同時也確立了「台灣意識／台灣認同」在此一歷史分期中所扮演的關鍵作用。 3. 作者嘗試在第一章第二節繪製的研究架構，有助於讀者可以迅速掌握全文的架構；但想當然耳，這應該是研究後期才可能定稿的。 4. 章節架構是在研究過程中「逐漸長出來的」，是隨著研究的進行，相關概念逐漸充實之後才確定下來的。

參考書目

資料來源：聞遠志（2013）。「台灣民族主義發展」歷史分期理據的分析。臺北市立建國高級中學第七屆人文暨社會科學資優班專題研究論文集。

【表5】質性或人文學專題研究成果體例與說明（二）

專題研究示例	分析說明

社福新亮點——公私協力模式與社會福利推動之研究

專題研究示例	分析說明
第一章 緒論 　　第一節 研究動機 　　第二節 研究目的 　　第三節 研究方法 　　第四節 研究限制 　　第五節 預期研究貢獻	1. 這是一份質性研究的專題成果，相關的章節架構相當完整。 2. 運用的研究方法，主要包括：理論引用、資料蒐集和分析，以及訪談。
第二章 公私協力理論 　　第一節 公私協力之定義 　　第二節 公私協力之原因 　　第三節 公私協力之歷史 　　第四節 公私協力之發展階段理論 　　第五節 公私協力之模式與分類	3. 整個研究進行的規劃，主要是透過理論形成資料分析、觀察、訪談的研究視野，以便具體探究三個個案——新北市「幸福保衛站」、臺北市中正區忠勤里食物銀行，以及臺灣愛心待用公益平台。
第三章 新北市「幸福保衛站」政策 　　第一節 政策制定理念與過程 　　第二節 實施方式 　　第三節 公私協力的參與 　　第四節 實施效益分析 　　第五節 未來展望 　　第六節 問題與討論	4. 理論的引用，目的是提升分析個案時所需要的背景知識和敏感度。 5. 針對三個個案的研究，主要是採取「經驗性研究」（empirical research），除了借用理論之外，最費心力的是實地觀察，和訪談民意代表、政府官員、民間社會團體核心人士等。
第四章 臺北市中正區忠勤里食物銀行 　　第一節 理念與形成原因 　　第二節 實施方式 　　第三節 公私協力的參與 　　第四節 未來展望 　　第五節 問題與討論	6. 章節架構是在研究的過程中「逐漸長出來的」。第三至五章的架構安排接近一致，應該是前後對照、相互調整之後的結果，以便讓後續的討論能夠比較聚焦。

專題研究示例	分析說明
第五章 待用餐 　　第一節 理念與推行過程 　　第二節 實施方式 　　第三節 公私協力參與之可行性 　　第四節 問題與討論 第六章 比較與結論 　　第一節 三項案例之比較 　　第二節 結論 參考文獻 附錄	

資料來源：何蔚慈（2015）。社福新亮點——公私協力模式與社會福利推動之
　　　　　研究。臺北市立建國高級中學第九屆人文暨社會科學資優班專題
　　　　　研究論文集。

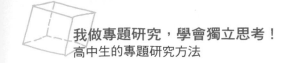

【表6】質性或人文學專題研究成果體例與說明（三）

專題研究示例	分析說明

和平創造者還是希特勒幫兇——從衛報和泰晤士報觀看1939~1940年代的張伯倫形象

專題研究示例	分析說明
壹、緒論 　一、研究動機 　二、研究目的	1. 這是一份道道地地的歷史學研究，作者的能力和努力都值得肯定。
貳、研究史回顧 　一、現在的張伯倫形象 　二、探究現今形象的造成原因與背景	2. 運用的史料文獻，主要是中央研究院所典藏的1939~1941年《衛報》和《泰晤士報》（線上資料庫），再輔以當代學者的論著。
參、慕尼黑會議前的英國 　一、大眾的不安與期待 　二、張伯倫個人的想法	3. 這一篇論文不使用「章、節」架構，就字數大約在一萬字上下的中學生專題研究而言，較為合宜。
肆、張伯倫聲望的巔峰 　一、協定簽署後的社會 　　（一）國民的擁戴與稱讚 　　（二）國際間的公開稱頌 　二、對於和平的質疑 　　（一）反對黨領袖的質疑 　　（二）希特勒的呼籲與演說	4. 「研究史回顧」這個標題所帶出來的寫作要求是相當高的，除了必須將過往數十年間重要論著進行分析之外，還得關注相關研究觀點的轉變，以及促成這種轉變的背景和原因。就高中生而言，不建議用這樣的標題，還是以「文獻回顧」或「文獻探討」為宜。
伍、開戰後的張伯倫 　一、信心且支持的人民 　二、現今形象的確立 　　（一）人民的失望 　　（二）敵對政黨的責任追究	5. 章節架構是在研究過程中「逐漸長出來的」，是隨著史料和前人研究論文的研讀、思考、比較，相關概念逐漸充實之後才確定下來的。

專題研究示例	分析說明
陸、結論	
參考資料	

資料來源：薛皓（2014）。和平創造者還是希特勒幫兇——從衛報和泰晤士報
　　　　　觀看1939~1940年代張伯倫形象。臺北市立建國高級中學第八屆人
　　　　　文暨社會科學資優班專題研究論文集。

文藝創作及行動方案成果的體例

　　文藝創作及行動方案成果的體例自然也是個殊性相當明顯，很難一體
適用。但可以確定的是，這一類專題成果的呈現不必長篇大論，「言簡意
賅」應是最高準則。

　　由於文藝創作或行動方案都已經先完成了Work（作品、工夫、活
兒、勞動），因此，這一類成果的展現，重點應該就是集中在「結果與討
論」和「反思與建議」兩大部分（主要放在下表中的「肆」、「伍」）。

　　至於此一Work的緣起或起心動念、主要參考文獻的掌握、成果的完
成過程等背景、事實性資料，主要是運用簡短的文字、帶著感情的筆觸，
再搭配一些統整的圖表加以說明即可（主要放在下表中的「壹」、「貳」、
「參」）；而具有佐證性質、較為完整的歷程檔案，應置於「附錄」，以供
讀者檢視及參考。

　　何謂具有佐證性質的歷程檔案呢？就文藝創作而言，至少要提供創
作札記（若太多，例舉說明即可），而針對發表的部分，則應附上籌辦計
畫、於會場提供給來賓的導覽（聆）性質的手冊，以及相關的圖像、影像
資料。影像資料部分，可考慮提供光碟，或者存放在網路上的連結。

　　就行動方案而言，大致上與文藝創作所應呈現的資料類型相當，但特
別要提醒的是，如果在歷程中有召開會議，或辦理說明會、演講、電影觀
賞與討論等，應提供當時所發放的說明文件和事後的集會紀錄；如果有參

與或舉辦各種類型的公民活動，歷程的影音紀錄呈現便十分必要。

簡言之，文藝創作或行動方案的成果報告，關鍵仍在於Work「意義」的覺知和反思，以及作者離開Work之後的「現身說法」，這才是最精彩的部分。

以下是針對文藝創作或行動方案成果報告體例的建議：

【表7】文藝創作、行動方案成果體例

題　目	
文藝創作	行動方案
壹、前言 　一、創作動機與目的 　二、創作理念	壹、前言 　一、研究動機與目的 　二、實踐理念
貳、文獻探討 　一、 　二、	貳、文獻探討 　一、 　二、
參、創作規劃與實行 　一、 　二、	參、方案規劃與實行 　一、 　二、
肆、作品賞析與討論 　一、 　二、	肆、結果與討論 　一、 　二、
伍、反思與建議 　一、 　二、	伍、反思與建議 　一、 　二、
參考文獻	參考文獻
附錄	附錄

說明：「貳」、「參」、「肆」、「伍」底下應區分多少細項進行分析說明，可自行斟酌。

　　總而言之，無論何種類型的專題研究成果，在性質上，成果報告的體例屬於一種與讀者溝通的架構，上述的體例有其通用的背景，但未必能夠貼切地反映整個專題研究的脈絡與進行時序，在每一個研究中，研究者永遠保有修改調整的主動權；只是在動手調整時，務必要認真考量的關鍵在於：讀者能否從此一體例、架構中確實地、方便地掌握研究所下的功夫，以及主要發現的精要之處。

　　這是身為研究者、寫作者所必備的「溝通的誠意」。

專題研究成果發表
封面與內文格式

以下提供關於「封面」、「內文」格式，做為成果發表時的參考。

內文引用說明的參考資料，來自陳篆軒（2007）。臺北市立建國高級中學第一屆人文及社會科學資優班學生專題研究論文集（下），頁709~760。

基於篇幅考量，加上此處主要目的在於說明寫作格式，因此文章內容多以刪節帶過。

一、封面格式

○○○○○○中學 專題研究成果發表

（置中，標楷體20號字）

指導老師：○○○ 老師

（置中，標楷體16號字）

專題研究題目

（置中，標楷體18號，粗體字）

學生：○○○ 撰

（置中，標楷體16號字）

中華民國○○○年○月

（置中，標楷體16號字）

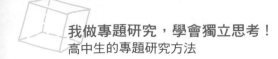
二、內文格式

摘要

　　「台客」一詞在2005年之後引起了熱潮，但其詞義紛亂，詞源亦難以追溯，在大眾長期不斷反覆地詮釋與論述，社會集體創造下，「台客」一詞被架構出一個虛構的主體。因此本研究以文獻分析方式，呈現「台客」一詞的建構意涵，並且研究其轉化過程。

　　……

　　……

　　在2005年台客搖滾演唱會之後，「台客」一詞被媒體議題化，因為逐漸的正視與認同而轉化為新的意象：「台客」是「一種在地觀點」、「一種主流文化」，以及「一種生活信仰」。

關鍵字：台客、次文化、省籍

1. 中英文摘要及關鍵字

- 標題（置中，標楷體16號字，粗體）
- 中文摘要（新細明體12號字，建議四百字為限）
- 英文摘要（Times New Roman 12號字，建議一百五十字為限）
- 中英文關鍵字（三至五個，新細明體12號字，粗體，與前段文字間隔一行）

壹、緒論

一、研究動機

　　2005年8月以後，有關「台客」的討論日多，由網路引領至平面媒體有關「台客」裝扮、「台客」舞蹈、「台客」搖滾的文章漸增，且層面廣泛，許多重量級的媒體也都製作了有關「台客」的專題，連陳水扁總統亦在電子報中論及「台客」。而傳媒上眾多關於台客的討論，始終在所謂「台客」的裝扮與行為做文章，始終無法提出一個完整的論述與客觀的剖析，關注的焦點往往在於，如何裝扮、如何跳舞、如何生活才是台客？甚至公布了許多「台客」的辨識標準。……
　　……
　　……

三、研究取材

　　本研究的取材有「台客」一詞相關的新聞報導、網路文章、書籍、期刊、學術論文，以及視聽媒體資料。

（一）新聞報導

　　媒體的新聞報導是記錄「台客」一詞演變的重要文獻，也是本研究最倚賴的文獻取財，取材範圍為1952年8月19日至2006年10月29日，有效樣本共524篇[①]。筆者將整理新聞媒體的報導，以聯合報系為主[②]，另有中國時報、自由時報以及蘋果日報等，但較集中於2005年8月左右）。除了新聞報導外，報紙刊出的社論與民意論壇，也記錄「台客」一詞的轉化過程。

......

......

① 許多文章均有「台客」二字連用，但無法獨立成詞，如「國台客語」、「上台客串」、「返台客座」、「在台客戶」，或者為「台灣汽車客運公司」的簡稱等等。

② 因聯合報系所屬之「聯合知識庫」為目前台灣平面媒體中最強大且豐富的華文新聞資料庫。……

2. 內文

- 正文之標題，依順序編號，如：壹、緒論；貳、文獻探討；參、研究方法；肆、研究發現與討論；伍、結論。

- 正文之標題，請依層次編號，如：壹、一、（一）、1、（1）……。

- 第一層次標題（置中，標楷體18號字，粗體）

- 第二層次標題（標楷體16號字，粗體）

- 第三層次標題（標楷體14號字）

- 第四層次以下標題（內縮一或二個全形字，新細明體12號字）

- 每個第一層次（壹、貳、參……）之起始，均須從新的一頁開始。

- 每個第二層次（一、二、三……）之起始，建議與前段文字間隔一行。

- 內文（新細明體12號字，每一段第一行需內縮兩個全形字）

- 腳註（新細明體10號字。另行參見第十四單元附錄「參考文獻與內文引註格式提要」）

- 每一頁都需標上頁碼。

參考文獻

李鼎、徐君豪（2005）。**到不了的地方，就用食物吧！**臺北市：
　　大塊文化。

林瑞穗譯（2004）。Craig Calhoun, Donald Light, Suzanne Keller
　　著。**社會學概論。**臺北市：麥格羅希爾。

邱澤次郎（1923）。**台灣匪誌。**臺北市：杉田書店。

洗懿穎編（2005）。**Call Me 台客！**臺北市：網路與書。

培勇菌、髒納拉（2005）。**台瘋來了！**臺北市：恆禾國際。

蕭新煌（2002）。**新台灣人的心─國家認同的新圖樣。**臺北縣：
　　新自然主義。

……

3. 參考文獻

- 標題（置中，標楷體16號字，粗體）
- 依照第一個字的筆劃從小排到大，每一筆資料均從新的一
　行開始，凸排，位移兩個全形字元；相關格式請參見第
　十四單元附錄的「參考文獻與內文引註格式提要」

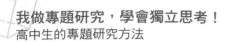

新版高中小論文寫作格式

根據110年2月17日小論文格式研商會議修正的「全國高級中等學校小論文寫作比賽格式說明暨評審要點」，從110學年度起，高中小論文寫作格式已有幅度頗大的修改。新版格式在「學術寫作」規範上更為明確，而本書所載相關觀念和方法，本來就是依循「學術寫作」原則加以說明和探討，因此，針對新版小論文格式與作品評審標準，自然更加具有參考、指引的功用。

下表簡要比對舊版、新版高中小論文寫作格式，並彙整新的評分向度。

新版高中小論文寫作格式及評分向度

舊版	新版（110學年度啟用）	
壹、前言	壹、前言	是否清楚描述研究背景／動機
		是否清楚具體說明研究目的及問題
貳、正文	貳、文獻探討	引用資料是否與研究問題相關
		是否客觀且有系統的敘述，並正確掌握相關知識
		相關領域之概念是否正確
	參、研究方法	是否說明研究概念／架構
		研究方法、研究流程是否合宜
	肆、研究分析與結果	研究分析是否完整，並具邏輯性
		研究結果闡釋是否合宜
		圖表是否正確
參、結論	伍、研究結論與建議	結論是否呼應研究目的／問題
		研究問題是否被解決
		研究建議是否合宜
肆、引註資料	陸、參考文獻	尊重著作權，正確引註參考資料，並詳列參考文獻
		參考文獻及論文格式符合主辦單位所訂格式

第 **3** 部

像作家一樣謀篇布局

● 在寫作中展現思想 ●

【單元 11】

盛大且精細的布局
寫作的基本觀念與態度

專題研究寫作不等於作文

　　說起「寫作」，不少學生會認為，那有何稀奇？從小學開始，已經寫了一堆作文，甚至還花大錢補習，「寫作」何難之有！

　　基本上，作文程度好的學生，在專題研究寫作中自然已經具有一些優勢能力，這至少包括：理路清晰縝密、抒情或議論技巧熟練、用字或取喻淺近合宜等。一言以蔽之，就是「謀篇布局及鍛字鍊詞」功力高明。

　　然而，這些功力高明的學生在「命題作文」的框架中雖然已經駕輕就熟，成果豐碩，但在已經「給定題目」的前提下，學生要做的就只是審題及立意。如果這是一個「競賽作文」，那麼，審題和立意就更是需要別出心裁，才能獲得評審青睞。

　　除了「給定題目」之外，作文的時間和篇幅其實都相當侷限，時間長度或許要看是何種情境，一般來說大約五十分鐘，而篇幅部分，一般來說大約是七百字。評分的標準，主要集中在「內容充實」、「體會深刻」、

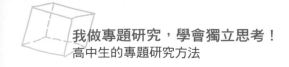

「舉例恰切」、「結構嚴謹」等。

題目給定、時間和篇幅侷限、評分標準嚴格，這是作文時所必須面對的規範。學生在如此規範下，要自己發想寫作素材、安排論說事例、適度使用典故（但得避免「掉書袋」），在謀篇布局上既要衡量結構，又要考慮獨特創意、一新耳目，然後隨時得注意鍛字鍊詞，講究句型詞義，最後還得讓內容生動，蘊含真摯情感，通篇平易近人，但又文義深遠、發人省思。

這就是學生們在中小學階段反覆練習作文、接受評比時，所必須面對的高度考驗。

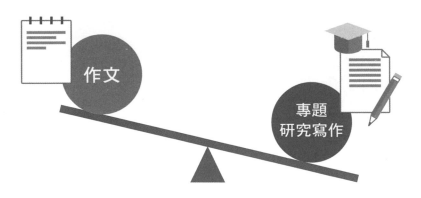

作文與專題研究寫作的「輕」與「重」

但專題研究的寫作型態與要求，特別是「學術論文」及「行動方案」兩種類型，卻和「作文」大不相同。另一方面，即使是專題研究走的是「文藝創作」，仍需自己命題，而且還是要寫創作計畫、探討文獻、蒐集資料，以及完成成果報告（尤其是「作品賞析與討論」、「反思與建議」兩部分），這和「作文」仍然不同。

基本上，「謀篇布局及鍛字鍊詞」應該也是完成「專題研究」所需要的功力，但是「專題研究」的題目得自己找，完成時間和篇幅都比「作

文」長太多了，而且謀篇布局所需要用上的材料（文獻資料和自己的觀點），無論質或量的要求都比「作文」高出許多。再者，這些材料得自己查找、組織，從中篩選及建構出論據、發展出論證，這又牽涉一些「作文」所不需要（或未能培養）的能力，以及與研究主題息息相關的背景知識。

　　所以，專題研究寫作起碼是在進行一個比作文還要盛大、且又精細的「謀篇布局」。此一寫作，並非是在研究之後的工作；絕大數的例子裡，查找各種形式的文獻資料建立論據、發展論證、寫作三項，在超過一半以上的研究歷程中是交互進行、彼此促成的。

有寫才算，口說無憑、摘要難用

　　就絕大多數的學生而言，對於專題研究的特性和要求並不清楚，通常在研究一開始時，無論是「學術論文」、「行動方案」、「文藝創作」等類型，我就會一直反覆地提醒一件事：「有寫下才算數，沒寫下的都不算！」

　　之所以如此「苦口婆心」，這是因為以往有太多學生在看了別人的研究成果報告，或聽了別人的專題研究分享時，當下油然而生：「這我也知道」、「這之前我也有想到」、「好像也沒什麼了不起」之類的想法；但真正自己開始做研究、寫成果報告時，卻是「眼高手低」，甚至比當初人家的分享還不如。

　　之所以讓自己陷入這種窘境，有相當的原因在於低估了專題研究中「寫作」的要求。

　　許多學生光有想法，天馬行空，但「習字如金」，不過大多數的情況倒不是下筆慎重，而是疏懶，甚至於思考跳躍，欠缺邏輯。其中有些人口齒便給，好發議論、辯才無礙、講起話來頭頭是道，看起來意興風發、顧

盼自雄，但在寫作上，他們遇到的麻煩通常也頗為嚴重。

對照我自己的寫作經驗，或依據指導學生的經驗而言，「光說不練」之徒一旦開始嘗試將想法寫下時，往往立刻嘗到苦頭，因為「寫」比「說」或「想」，可是困難多了。昔日言說快意縱橫，現在寫作卻是舉步維艱。

為何落差如此之大呢？因為寫作不是一時三刻的恣意表現，字一旦落在紙上（或螢幕上），有想法、甚至辯才無礙的學生，其實自己很快就會看出上下文的論述缺失，或者用字遣詞的困窘（若沒有自行看出，情況當然更糟），勢必修改，而且還要查對資料，不能夠信口開河了；與原來天馬行空的自由思考或逞口舌之快的逍遙清談相比較，「寫作」自然就是苦差事了，能閃則閃、能免則免，能拖就拖。這一類學生的問題，可用「思而不學／思而不寫」加以概括。

我也曾聽過一些學生說，「我是走文藝創作的，沒有靈感下不了筆」、「創作需要自由，不能有限制」等等。這些話聽起來似乎很有道理，但其實並不完全正確。

「靈感」是必要，但通常不可能由「坐等」得來，一心以為「有鴻鵠將至」，最後多是蹉跎歲月，將創作搞成「急就章」。

許多優秀的文藝創作者甚至是過著嚴謹、規律的作息，將自己的時光、思慮、心魂綿延鋪陳，編織為密實的脈絡，行住坐臥、待人接物處事通通成了涵養、省思的緣起，靈感是這樣子激盪出來的，甚至可以因此源源不絕，隨時隨地有所感受、有所體悟，並從寫作的「實現」之中反觀自我、洞察這個時代、這個世界。

創作確實也需要自由、解放，但無論回顧歷史或觀察當今許多創意工作，許多「豐功偉業」產出的過程，哪沒有限制、壓力或困頓？甚至於我們還可以說，就是因為有了限制、壓力或困頓，「要什麼沒什麼」，所以才激發創意。要什麼有什麼，往往就是「照表操課、行禮如儀」，創意可能就出不來了。

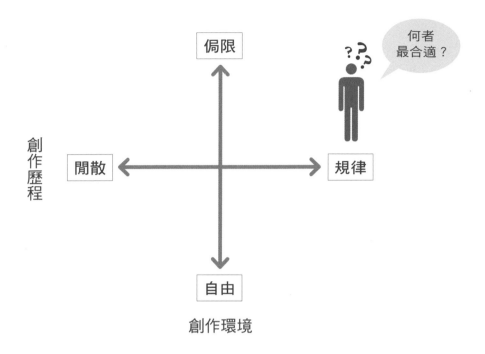

「最適合的」創作環境與創作歷程，得自己琢磨

　　另外還有一種屬於「學究」型的學生，高度用功，坐在書桌前的那股定力，真是嚇死人。但他們往往死啃文獻資料，沒有清晰的問題意識，甚至不諳世事，讀進去的，用不出來。「學究」型學生中還有一些人肯認真作摘要，一個長假過後，甚至可以交出厚厚一疊筆記，但幾個問題一追問，便手足無措，兩眼翻白，陷入長考，典型的「學而不思／寫而不思」困境。

　　為何那一疊足以證明「用功」的摘要或筆記難用呢？摘要或筆記，不就是已經從查找到的資料進一步加以整理了嗎？

　　沒錯，這些用功的學生已經比那些只是拚命查找資料、影印資料、儲存資料、閱讀資料的同學好太多了。可惜的是，這至多只是「一百步笑五十步」而已！

　　癥結就出在，這些摘要或筆記仍是散亂的，彼此之間並沒有依據某種關係組織起來。

　　如果我們要依據某種關係來整理、組織資料的話，除了最起碼的「時序」關係之外，這某種「關係」通常是歸納出來的，可能是參考、修改自前人研究、某一理論，或者自己的發現而得。值得強調的是，唯有經過整理、組織的資料才有可能發揮參考、指引的價值，而且就在資料的整理、組織過程中，自己對於整個專題研究的想法也才可能越來越清楚。

　　對於開始練習做專題研究的學生，我經常奉勸，不能一直發想，也不能一直找資料、印資料、讀資料，應該要盡早開始寫東西，將想到的、讀到的隨手寫下來，一段時間之後，就要開始嘗試著將寫下來的東西組織、建構，再組織、再建構，猶如「滾雪球」一般，持續發展。

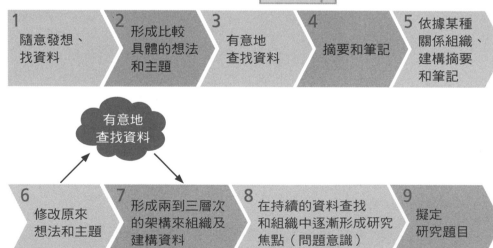

| 1 隨意發想、找資料 | 2 形成比較具體的想法和主題 | 3 有意地查找資料 | 4 摘要和筆記 | 5 依據某種關係組織、建構摘要和筆記 |

有意地查找資料

| 6 修改原來想法和主題 | 7 形成兩到三層次的架構來組織及建構資料 | 8 在持續的資料查找和組織中逐漸形成研究焦點（問題意識） | 9 擬定研究題目 |

從發想、查找資料到擬定題目的歷程

所謂「有寫才算」，具有多重意思：

1. 有寫，代表真正掌握一些初步成果在手中，可以看到進度。這會讓自己比較心安。

2. 有寫，才知道自己到底懂了多少，有何不足之處；唯有寫下來的東西，才方便修改、充實。除非記憶力異於常人，否則光是想或讀，很難產生這樣的「加工」效果。

3. 唯有寫下來的東西，才方便請教、討論。老師和同學可以具體掌握你的想法，提出質疑或建議。不要小看這些質疑或建議，這很有可能讓自己的想法大爆發、速度大躍進。

4. 寫下來的東西可以累積，有助於研究計畫、後續研究歷程書寫速度和品質的提升。

5. 有在寫，表示隨時在分析、統整、消化、吸收文獻資料的觀點、他人的意見，或自己的想法，這就會產生成就感，比較容易形成正向回饋而激發持續探索的動力。

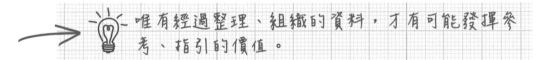

唯有經過整理、組織的資料，才有可能發揮參考、指引的價值。

整理筆記時，「寫作」就開始了

在開始寫作之前，應該也要知道，專題研究寫作雖有一些基本的策略與方法，但卻未必有固定的模式、風格、步驟或歷程；所有的導論書籍、參考手冊等（包括本書），其實都沒有辦法讓學生在寫作時亦步亦趨地仿效、照書操課，就能長出一篇好的研究成果出來；這些參考資料，頂多就是提供一種「指南」功能，讓大家不至於在一開始就不知如何啟程，或者過程中雖然迷路漫遊，但不至於吃了一堆苦頭卻仍搞不清楚是怎麼一回事，以及盡早得知一些實用的觀念或技巧，避免掉一些無謂的嘗試錯誤。

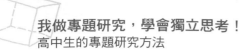

　　如前所言，專題研究的寫作絕對不可能是「胸有成竹」之後才下筆，在正式寫作之前，起碼應該已經有諸多的筆記、札記、便條紙或備忘錄在握。

　　就個人經驗而言，我比較喜歡隨手利用A4回收紙空白那一面製作筆記、札記、或備忘錄；在我的隨身包包、家中書房及辦公室座位的抽屜裡，始終都有這樣的A4回收紙可以利用。累積一些東西之後，我會開始將這些紙張依據上頭寫下的內容分類，用長尾夾一落一落地固定。就某種意義而言，我的寫作其實已經持續一段時日了。

　　我一些朋友有的人喜歡使用大張的便利貼（方便挪移歸類），有的人習慣使用筆記本，因人而異。但無論何種方式，最終大家都會利用科技，將具有參考價值的資料來源、自己的觀點等打字輸入電腦，做成數個檔案，然後逐步規劃、彙整，發展出比較精細的章節架構，並且前瞻後顧，進行論點分配和布局。

開機、暖機、登出、關機：是否該定點、定時、定量？

　　在正式寫作開始時，大多數過來人的建議是：應該定點、定時，甚至定量。

　　所謂「定點」，就是有一個固定的地方。一般而言，環境要安靜，桌子要夠大，文獻資料多在隨手可得之處，電腦裡頭已經存放先前累積、整理過的札記或備忘錄，最好可以輕易上網連結重要或常用的資料庫及相關網站等。

　　以我自己的經驗而言，家中書桌是第一首選；但許多學生卻跟我說，在家裡寫，很容易「墮落」，因此他們寧願到圖書館，或者咖啡館。當然，地點的選擇，人人各有考量，這沒有關係，關鍵還是在於「定點」。

　　至於「定時」，意思就是「作」、「息」固定。每一天何時開機（開工），何時登出（休息），何時關機（收工），盡量穩定如常。最大的忌

諱，應該是「一曝十寒」，興致來了，奮力寫作十小時，然後一擱十天，這種模式最沒有效率，如果遲遲不改善，將注定專題研究成果會是大敗筆，或者大爛攤子。

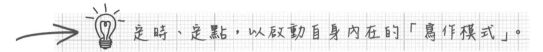

定時、定點，以啟動自身內在的「寫作模式」。

「定時」加上「定點」，積極來看，主要是要告訴自己的身心靈，準備進入「寫作模式」。消極來看，就是要養成習慣，幫助自己克服偷懶、拖延的心理障礙。

有些人甚至在每一天開工時，會出現一些儀式性的行為，譬如，泡上一杯茶或咖啡，聆聽一首別具意義的曲子，或者桌子旁一定要擺上某種物件等，有的人則是先要上廁所，或者花上半小時看報紙、整理書桌等。

我有一位學姊曾經分享她在研究所多人共用的研究室中一大早的儀式行為。通常她八點抵達研究室，和早到的同學打招呼、閒聊幾句，順便把自己的座位清理一下，然後就去沖泡一杯咖啡，八點半一到，馬克杯準時落在書桌的左前方，燈打開，開始用功。這一番動作，既是讓自己「開機、暖機」，同時也發出明顯的訊息，提醒旁人「我要開工」了，請大家迴避、肅靜。

曾經有學生聽我這麼說，很高興地仿效，但他設定的儀式行為是先上MSN聊天，然後打打線上遊戲，整個「暖機」過程往往花上一個小時以上，於是成為同學們的笑柄！

另有些學生聽我說「寫作」必須搞成這樣，莫不驚訝！但我總是說，其實讀書準備考試，何嘗不是如此？差別應該只是在有的人習慣一大早開工，有的人就是夜貓子，越晚越活躍；有些人無法容許一丁點噪音，有些人則可以做到充耳不聞。

所謂「定量」，原本指的是每一天該寫多少字。比起「定時」、「定點」來，這比較難以明確界定。

　　若針對中學生的專題研究而言，篇幅通常在三、四千字，少數人可能落在一萬字上下，因此「量」的問題比較沒有太嚴重。比較大的考驗，反而是如何控制字數。有一些認真的學生經常跟我抱怨一萬字的篇幅太小，難以施展；曾經就有學生豁出去了，辛勤筆耕近十萬字，而且品質良好，讓邀請來評論的學者大加讚賞。

　　但少數學生的傑出表現，應算是例外，我還是不太鼓勵學生如此大費周章，最好將主要心力放在「質」，而非「量」上。因此，「定量」之意，就是限定篇幅在三千到四千字，已經很了不起了！

Less is more !

　　至於辛勤寫作數小時下來（八小時應該是極限了），終究要停工關機。以我的經驗而言，最佳關機時間是距離就寢時間大約一小時之前。這一個小時裡，我會整理好隔天要攜帶、要使用的東西，做一點不費力的家事，然後看電視。由於大多數有線電視台播放的節目水準沒有很好，或者重播率實在太高，所以很容易可以找到催眠的節目，很快地倦意襲來，這就是該上床睡覺的時候了。

　　我時常建議學生睡覺前不要再玩手機或線上遊戲，也不要窩在床上背英文單字，或者放心不下明天的小考。用功一天，足以告慰自己和家長了。因此，睡前一小時，應該做一些自己喜歡，但卻是可以放鬆心情的事情，如果還沒有找到這樣的嗜好，應該盡快培養出來。

　　這種關機之後的「儀式」，主要是讓已經長時間高速運轉的腦袋瓜脫離活躍狀態，逐漸降載、冷卻、緩和下來。如果沒有經過這樣一個緩和階段，寫作、用功至睡覺時間，然後直接上床，以我的經驗而言，曾經躺在床上兩小時依然精神抖擻，越急著想睡覺越睡不著。折磨到後來，終於累了，不知何時才入睡，但隔日一整天精神不濟，因為睡眠品質太差了。這樣的下場，得不償失。

因此，寧願「提前」關機，放空一小時，換得至少六小時的甜蜜夢鄉。這是相當划算的！

當機：卡住了，就這樣辦？

萬一在寫作過程中卡住了，請不要驚慌，這是很平常的事情！

卡住了，問題通常不是出在寫作本身，而是一些重要的概念內涵、概念和概念之間的關聯沒能釐清，或者弄不出一個統整的架構、鞭辟入裡的論證，又或者還欠缺一個效力充足的關鍵論據支撐起立論，也可能是論點的分配和通篇布局始終無法妥適等。

基本上，寫作越到後頭，卡住的機率會越多，因為整個研究的大論述即將收斂、統整，難度甚高，而經過長期奮力寫作，身心壓力逐漸臻於承受的極限，萬一面臨「江郎才盡」的窘迫，又有「芒刺在背」的死線（deadline）催逼，偏偏不該卡住的時候，就是卡住了。

此時，如何放輕鬆、深呼吸，真是一門大學問。

一旦寫作卡住了，經過一番努力依舊沒有起色，這情況顯然就確定是「當機」了。那就瀟灑一些，順勢關機走人，不要硬拗了。但，接下來怎麼辦呢？

就我所知，因為「當機」情況普遍，所以有經驗的人各有法寶處理。我最早聽過的一個策略來自高我兩屆的一位學長，三十多年前，他正趕著繳交碩士論文，但越急越收不了筆，最後兩手一攤，索性狂讀金庸小說，不知不覺過了一個星期，等到再回來寫作時，功力竟然大增，下筆如神助，不出一個星期，碩士論文的章節布局和結論精彩完成。

這些年來，也陸陸續續聽到其他許多「訣竅」，譬如去看電影、聽音樂會、逛大街、喝下午茶、找好朋友聊天、換到一個陌生的地方寫作等等。至於我的習慣則是做家事，若情況沒改善，最後絕招就是把寫作一事

擱置，時間從三天到十來天不等，主要是看「士氣」有沒有回來。絕大部分的經驗猶如我那位學長，再回頭時，原來卡住的地方竟然就輕易突破了。

看「士氣」有沒有回來，當然是一種很抽象的描述，那是一種感覺，或者就是直覺。這股「士氣」如何得來呢？我自己的解釋是，雖然暫時中斷寫作，但是原先許多處理中的資料及論述，轉為在腦中自行沉澱、醞釀，但同時間，由於數天的抽離，原來讓自己思慮糾結雜亂的環節已經有些淡忘，等到「重開機」時，沉澱、醞釀的部分開始活化，而糾結雜亂的部分已經鬆脫。

至於從「當機」之後到「重開機」前，上述哪一種因應的策略或訣竅比較有用呢？這種寶貴經驗，應該留給自己遇到時好好琢磨、體會，何種有用，還是因人而異吧。

好文章是修出來的

寫作，不太可能是通篇架構及論點的邏輯關係都想清楚了才下筆，而且也不可能援筆成篇、一揮而就，不易一字。這種能以「腹稿」直接完篇的功力，歷史上除了像唐代的王勃這樣的人才之外，並不多見，同時得指明的是，王勃所寫下的文章，性質上屬於「作文」（文學創作），並非專題研究。

修改，而且是反覆的修改，應該才是絕大多數人的寫作經驗。即使是最優秀的作家或研究者，他們的作品都是一遍又一遍的修改，甚至重寫，才達到可以交稿的程度。

關於寫作的態度，我比較欣賞的是另外一位和王勃一樣聰慧的天才——北宋的王安石。

王安石最膾炙人口的一個寫作事蹟，是關於〈泊船瓜州〉的創作：

京口瓜州一水間，鍾山只隔數重山。
春風又綠江南岸，明月何時照我還。

　　根據南宋洪邁《容齋隨筆》中的記載，「吳中士人家藏其草，初云：
『又到江南岸』；圈去到字，改為『過』；復圈去，而改為『入』；旋改為
『滿』，凡如是十許字，始定為『綠』」，可見其鑄字之嚴謹。」

　　這就是說，在吳中士人家所收藏王安石的草稿，可以看到他為了一個
字，竟然修改十餘次，這才覺得滿意。洪邁把王安石這樣的文字修改，稱
之為「鑄字」。這真是多麼貼近的評述，只有具備類似修改文稿經驗者，
才能想出如此傳神的形容。

　　王安石的文章，歷來名家多有評論，而一生歷經兩宋交替的葉夢得
早已指明，「王荊公晚年，詩律尤精嚴。造語用字，間不容髮，然意與言
會，言隨意遣，渾然天成。」我們可以合理的推論，王安石作為詩文大
家，其一字一句應該就是嚴謹鍛鍊、鑄造出來的。

　　文學創作要修改一字，甚且如此大費周章；需要長時間勞心傷神的
研究文稿修改，那更是無可避免得花費大量時間，甚至必須能夠每隔一段
時間，就該自行轉換為「旁觀者」的視野，並以批判眼光嚴格地審視。此
外，也需要找朋友幫忙檢核，或者一起討論修改。

　　有一個讓修改工作能順利進行的小技巧，可以在此分享。如果仍是習
慣手寫筆記或文稿的「老派」作風，前人的經驗通常是每兩行字之間務必
至少先空下一行，方便直接修改。如果熟悉使用Word之類文書編寫軟體
的現代人類，善用追蹤修訂功能是不可免的。

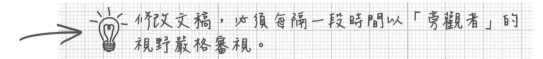

修改文稿，必須每隔一段時間以「旁觀者」的
視野嚴格審視。

至於修改工作所針對的，主要是哪些部分呢？分析來看，至少包括三類九項：

1. **文句：**
   ① 用字遣詞，特別是刪除錯別字、贅字、冗詞
   ② 語法
   ③ 標點符號
2. **格式：**
   ① 文書編輯格式
   ② 論文體例、參考文獻格式
3. **布局：**
   ① 段落安排
   ② 內部一致性
   ③ 結構連貫性
   ④ 論證的邏輯

關於修改的好處，我的許多學生都不甚清楚。他們往往輕忽寫作的難度，又高估自己的本事，以致於經常是在截稿期限的前一晚，或者當天凌晨，才「一揮而就」。當然，因為必須立刻交稿，所以也就「不易一字」。

如果曾經「享有」批改這類作品經驗的老師，通常都是「痛不欲生」的！甚且還會不禁一直想、一直想，「到底我前世做錯什麼事，今生才得來承受這樣的折磨！」

其實，老師的痛苦也就罷了，誰叫你要當老師？何況沒把學生教好，活該罪受。

不過，學生因為急就章，其實損失也很可觀。損失什麼呢？我認為最

大的損失，是「思考能力」的低落。寫作，從來就是一種思考，而且應該
是「最精純的思考」。

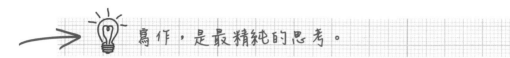

寫作，是最精純的思考。

　　整體來看，由於「寫作」的獨特過程，從謀篇布局到鍛字鍊詞，從抒
情達意到論理立說，從引經據典到自成一家，每一個範疇、每一個階段，
自然都是心神、志氣、閱歷、涵養凝聚會通之後的展現傳達，較諸開口說
話或想像思忖，這當然是「最精純的思考」。而在操作上，寫作之所以能
成為「最精純的思考」，關鍵就是主動的修改，透過「鑄字」、「鑄句」、
「鑄文」，一遍遍地藉由寫作鍛造自己的思想，成為思慮精嚴、情理交融
之人。

　　針對「寫作是最精純的思考」這個想法的延伸討論，請參看下文專
欄，那是一篇幾年前應學生要求而寫的文字，但代表我關於「寫作」一貫
的主張。

專欄 在研究與寫作中磨練自己

許多人都聽過「窮和尚和富和尚」的故事。故事大要是説，有一天，窮和尚問富和尚要不要跟他一起去南海取經。富和尚一聽，隨口就問窮和尚説：「去南海的路途那麼遙遠，你打算用什麼方法前往呢？」

窮和尚説：「我計畫用苦行的方式，也就是靠著自己的一雙腿，兩隻手捧著缽，沿路化緣前往。」

富和尚聞言，頗為不屑地説：「這幾年來，我一直努力存錢，採買所需的設備和物資，希望做出最充分的準備，卻到現在還都無法成行，你身無分文，只靠著兩條腿，又如何能到達南海呢？我看你還是死了這一條心吧！」

三年後，窮和尚從南海順利取經回來，還去找富和尚分享他的見聞與心得。富和尚聽了以後，既慚愧又羨慕！

我為什麼要再談起這個老掉牙的故事呢？原因在於，觀察歷屆人社班學生在高二進行專題研究的情形，幾年下來，發現一直有部分的學生在一年探究和寫作過程中，整個研究的完成度極低。追查問題的癥結，細究原因，大約可以分成三種情況：

1. 眼高手低：一心想讓作品偉大，但其實只是一心以為有鴻鵠將至，下苦功不夠而不知。

2. 故步自封：總認為自己寫的東西最棒，孤芳自賞，沒耐心聽取建議，實際上一直瞎忙。

3. 蹉跎迷惘：從訂計畫到進行研究過程常是光説不練，一曝十寒，一路把自己逼進黃河。

　　如果要歸咎於建中人社班學生的資質不好，我個人認為這種話實在難以啟齒。建中生這等資質，為何在一年時間當中，最後竟然連最起碼的標準都達不到呢？我想，重點正是欠缺窮和尚的「毅力及恆心」，這便是窮和尚去得了南海，富和尚卻到不了的關鍵。

　　「眼高手低」者，欠缺的就是窮和尚吃苦耐勞的精神；或許是上高中之前的學習十分順遂，稍稍努力就備受讚譽，於是認為世間事本皆如此，可輕鬆以對。這類型學生知道優秀作品的標準為何，但他一整年下來最納悶的是為什麼達不到？以窮和尚來對比，這些學生知道南海，嚮往南海，卻沒意識到要抵達南海，得需一步一腳印，實實在在地跋涉。

　　「故步自封」者則是根本不知天高地厚，卻一直認為自己是最棒的，其中有些人甚至只是想發表，沒有要分享、對話，只想得到掌聲，不需人家給意見。以窮和尚來對比，這類型學生甚至不知道他心目中的南海，根本是虛無的、純想像的，和實際的南海誤差十萬八千里。

　　至於「蹉跎迷惘」者，連富和尚都還不如。富和尚起碼還知道有南海，還能積極準備要出發呢！

　　而我最在意的另一件事，則是這些未能完成作品的學生當中，竟然還有人只是怨天尤人，大言不慚地將責任推給老師，批評這個沒教、那個沒講，毫無任何反躬自省的嘗試。我認為這才是最糟糕的表現，比作品沒完成還要糟糕。那個富和尚可還知道慚愧的呀！

　　我個人認為，讓人社班學生以一年之力完成一個作品，最重要的目標是在實作中磨練自己、認識自己；知道自己的興趣、本事、關懷，以及缺失、侷限何在。因此，作品完成度不佳，品質堪慮，這不是問題，只要這樣的經驗與教訓領受了，也反省了，也就可以交代得過去。

　　重新理解即使駑馬也能十駕，功在「不舍」，也真實認知毅力、恆心，以及「坐而言不如起而行」，才是成事關鍵，如此一來，作品雖沒能完成，甚至還能獲得重要的意義。

　　但願順利完成作品者深切知道自己所擁有的毅力與恆心，日後還須堅持下去；而無法順利完成作品者則能深切體會、記取這樣的教訓。在人生路上，這等教訓的代價其實是最便宜的。

資料來源：臺北市立建國高級中學第八屆人文及社會科學資優班學生專題研究論文集，召集人序，2014年。標題為後來加上。

寫作是最精純的思考

「寫作是最精純的思考」是我常掛在嘴邊的一句話，人社班的學生大概都已經耳熟能詳。為何我會持續反覆地強調這個觀念呢？理由很簡單，因為此中透露出思考、文字、寫作的緊密關聯，而且包含著內在思想「精純化」及「客觀化」（外在化）的過程；這其實就是人類知識體系及知識社群形成最為根本的基礎，也可視為近代以來每個人的「個體化」完成與延伸不可或缺的一環。

　　人社班學生從新生入班開始，就會面臨大量的、多元的書寫要求，這其實是建中的傳統（至少在三十多年前我當學生時即已如此），但人社班學生所受到的期待與訓練則更高。高二的「專題研究」是貫串整個寫作過程的樞紐，高一種種是為其準備，高三種種是為其歸結，而一切則是從高一下學期到暑假期間自行摸索找題目開始。逐漸地，靈光一閃的想法、心中長久的困惑或關懷，透過苦思，與師長或同儕討（辯）論，以及經由網路、圖書館、檔案室、「田野」等，從資料庫、書架或受訪者身上蒐集到各種形式的可用「資訊」，散亂的思緒開始有了組織與邏輯化。但這樣繁複的歷程，必須借助於「寫作」方能妥適地記錄、取捨、批判、改造、轉化，和表達，進而凝聚為自己對於這個課題的發現或發明，變成與他人嶄新對話的起點。因此，寫作的當下，正是最精純思考之時。

　　在上述這樣外顯、具象的過程中，我們可以參考波柏（Karl Popper，1902~1994）稱人類知識體系為「第三世界」（World Three）的見解。波柏認為人類知識處於生物體「第一世界」或感官「第二世界」之外，此一「第三世界」的構成要素即是大腦內在智性資源精純化而產生

的知識。知識透過書寫等方式外在化，文字往往是其中最為關鍵的媒介，有了文字，人類便可以將內在儲存、運思的智性資源，客觀地、系統地轉化為外在的、獨立實存的知識體系，此一體系甚至具備獨立的衍生發展力量。

人社班學生專題研究及寫作的過程，正是這樣一個將外部資訊內在化、內部知識外在化的學習過程。透過這個過程，思想的「精純化」及「客觀化」獲得練習和實現的可能。

值得進一步說明的是，幾屆以來，建中人社班學生絕大多數都是一個人（而非小組）完成專題。如此現象，更加凸顯了寫作是一個「個體化」完成與延伸的特性，而這樣的特性，曾經引發部分師長的疑慮。幸好，人社班有許多課程、活動是以小組或全班形式進行，而高三的研討課則著重專題研究成果的分享、評論及對話，使得「個體化」的獨立性不至於陷於孤立、封閉的困局。

現在，猶如前幾屆的學長，第五屆畢業生們將其練習的創作成果結集成冊出版，若以麥克魯漢（Marshall McLuhan，1911~1980）的觀點來看，文字、印刷術、電腦及網路都是促成認知外在化歷史進程中的重大突破，「個體化」的延伸及擴充經由這些強效的載體獲得空前的助力，但我希望此一論文集不單只是自我個體的展示而已，這更應該是真誠反思自我、尋求與他人對話溝通的一種嘗試。

專題研究經由寫作而開展為可以具體分享的創作，個人的想法有機會獲得精煉，並且為自己塑造、建構出一種新的理解／參與社會或世界的方式，而這個過程其實是具有「Fact to Reality」的轉變可能。因此，如果我們在過程中都能勤勉誠懇，保有自信及謙虛，那麼寫作將是我們在這個世界行動的一種理想方式，同時也將會是我們對這個世界一種可能的貢獻。

資料來源：臺北市立建國高級中學第五屆人文及社會科學資優班學生專題研究論文集，召集人序，2011年。標題為後來加上。

【單元 12】

一連串思考的淬鍊

寫作，基本功的練習

專題研究寫作應從閱讀、做摘要開始練習

　　專題研究是一個「學思並行」的活動，它需要作文的根基，但所要求的能力和準備遠遠多於作文。

　　如何為專題研究寫作打下好基礎呢？最理想的入手處是藉由閱讀，練習寫摘要。此處所謂「閱讀」，雖然可以涵蓋各類文本，但為了日後專題研究進行的順利，通常還是得有所選擇。

　　在專題研究課程中，我認為最好的開始，是就一個新聞事件，檢視各個媒體（至少兩家）不同立場的報導；除了讀取針對新聞事件的事實性報導之外，還需要進一步讀取隨後數天內刊登的「追蹤報導」、「專文（專欄）評論」、「讀者投書」，或「社論」等，透過多種形式的文章，釐清不同媒體立場上的差異。

　　多數的中學生都不懂得如何寫摘要，從晚近發生的新聞事件下手，對他們而言比較容易進行；而且，讓他們選擇對照兩家媒體觀點和立場上的

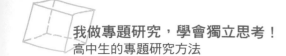

差異，是希望透過相互比較，更加容易凸顯而辨識出各自立場上的主要觀點。

所謂「摘要」，指的是一篇精確代表文獻資料內容的簡短文字，裡頭不能參雜個人的闡釋或評論，當然更不可以無中生有，出現文獻資料所沒有的內容；在最理想的狀態下，一篇文獻資料內容只會有一個最具代表性的摘要版本，不應該因為撰寫摘要的人不同而導致摘要有所差別。

從上述界定來看，一篇好摘要應該有兩個標準：一是字越少越好，二是內容精確足以符應文獻資料要旨。在這兩個標準之下，讀者透過「摘要」的閱讀，便能迅速掌握文獻資料的精髓。

讓學生練習寫摘要，主要就是熟練上述兩個標準。能夠用自己的話改寫，以最少的字完整掌握閱讀資料的重點，這就是高明的摘要。而這種寫作能力，正是專題研究所需要的本事之一。

更進一步而言，中學生的閱讀能力其實也是參差不齊，因此透過寫摘要的練習，用意也在於重新磨練閱讀的能力。想要以簡短文句精確表達文義題旨，若沒能先將文獻資料讀進去、讀通，是不可能辦到的。

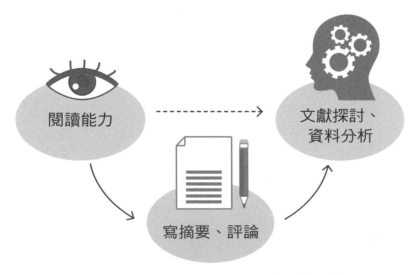

練習寫摘要和評論是讀通文獻資料的關鍵

　　閱讀能力的培養，是很關鍵的，這不僅攸關專題研究的品質，也與平日各種資訊的接收和分析有密切關聯。除了透過寫摘要來練習之外，關於閱讀能力的提升還有一個好方法，稱為「KWL」閱讀技巧，大家可以自行上網蒐集相關的運用指導。

　　透過「摘要」能力的熟練帶動文獻資料「閱讀」能力的提升，正是為後續的「文獻探討」、「資料分析」等工作鋪路、打底。

【表1】KWL 檢核表

文本閱讀（預讀）Know, Want to know, Learned（KWL）檢核與紀錄表

Name:	書寫重點	評鑑標準
K （What I know already） 我知道什麼	W （What I want to know） 我想要學什麼	L （What I have learned） 我學到什麼

說明：1.「文本」不限於書籍、文章，也可以是電影、畫作等。
　　　 2. W是核心，由K推導出W，形成閱讀焦點，由L來回應W，與W對比討論、釐清、評估文本理解的程度和心得，以及超越文本的詮釋觀點。
　　　 3. 透過同學的討論，及師生互動，可以擴展KWL的閱讀檢核效果。

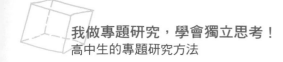

寫評論，是做好「文獻探討」的基礎

　　練習寫摘要之後，接下來的另一項功課則是練習寫評論，初步的題材就是原先拿來練習寫摘要的那些媒體文章。先不用管該如何評論，想寫什麼就寫什麼。

　　經過多年來的經驗，歷屆學生對於「評論」的理解，主要是集中在論點立場的褒貶臧否，走的路線其實是「評價」，而非「評論」。不過，有部分學生已經會注意到文獻資料中的論據和論證可否成立的問題，或者因為透過立場殊異的文獻資料比對，所以看到了多層面觀點的可能性，以及不同論述之間的侷限或偏誤。

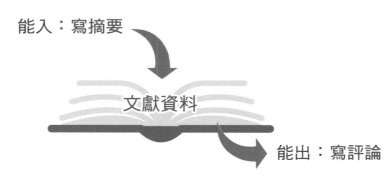

能入、能出，才算讀通文獻

　　經過立場殊異的媒體多種形式文章（追蹤報導、專文評論、讀者投書、社論……）之比對評論的練習，以及老師的講評指導之後，接著，應該就可以開始閱讀、練習評論學者的單篇論文。等到練習大約二至三篇之後，如果時間允許，或許也可以找一、兩篇中學生專題研究得獎的作品，比對人家何以得獎，探討值得效法借鏡的重點為何。

　　寫評論所需要的思維歷程與特性，當然是和寫摘要大不相同的。寫摘要，要求的是「能入」，寫評論，要求的是「能出」。兩者合在一起，即

是在進行「批判性閱讀」（critical reading）。

　　做評論的人所站的「位置」，是在文獻資料之外、之旁，他必須思考文獻資料表面內容後頭所隱藏的東西（內部），以及探索這一篇文獻資料得以產生出來的相關條件（外部）。

　　具體而言，評論者至少得發出幾個基本的提問，整理如表2。

　　對於中學生而言，上述的基本提問或許一開始會進行得不習慣、不順利，但只要經過一、兩次練習，其實並沒有想像中困難。

　　據以練習提問和分析的工具，其實就是表2，只需將右邊欄的文字刪除，就是一個評論文獻資料的好工具。

【表2】評論分析的重點

基本提問	說明
（作者）想要解決（回答）什麼問題？	分析作者的問題意識，以及文獻資料的整體要旨
主張（claim）是什麼？使用什麼概念或術語歸納結論、回答問題？	從結論倒回來掌握關鍵概念與主要的論點
使用哪些資料做為論據（evidence），及論證（argument）的基礎？	檢視用來支持全文論證，證據效力最高的主要資料
使用什麼方法蒐集資料？可能遭遇什麼困難，或者限制？	從主要資料的類型、來源掌握作者獲取資料的方法，藉以評估可能的侷限或缺失
使用什麼方法處理資料，以獲得結論？	釐清支持結論的主要資料，是經由何種方法加以分析及組織的
在形成研究問題時，排除了哪些層面的現象或議題？	在研究問題及焦點之外，探索其他可能的重要問題或觀點
在什麼樣的意義或前提下，其論點是有效的？	依據前面的分析和歸納，評估研究發現及結論的價值和意義

　　練習寫評論，特別是針對學者的單篇論文或中學生專題研究得獎作品，對於將來要進行專題研究，具有兩個重要的價值：

　　一、能夠練習如何評估作者的貢獻與侷限。

　　二、可以逐步發現「好研究」的必要條件，以及「不良研究」所犯下的主要問題有那些。

　　所謂「他山之石，可以攻錯」，練習寫評論，主要目的就是要從閱讀和評論當中，學習前人研究的優點、知曉人家的侷限或缺失。

　　當然，要完成一篇恰當的評論，不太可能都是以自己的想法為依據，通常還得查找其他相關文獻資料進行比較。這一部分，對於還停留在初步

【表3】評論分析紀錄表

基本提問	評論紀錄
（作者）想要解決（回答）什麼問題？	
主張（claim）是什麼？使用什麼概念或術語歸納結論、回答問題？	
使用哪些資料做為論據（evidence），及論證（argument）的基礎？	
使用什麼方法蒐集資料？可能遭遇什麼困難，或者限制？	
使用什麼方法處理資料，以獲得結論？	
在形成研究問題時，排除了哪些層面的現象或議題？	
在什麼樣的意義或前提下，其論點是有效的？	

練習階段的中學生而言，並不特別要求，但將來進入專題研究的「文獻探討」階段，比對相關主題的不同文獻，加以分析評論，其實是免不了的。

寫心得，淬鍊自己思考的深度及廣度

廣義而言，「讀書心得」通常就帶有評論的性質，而要寫一篇評論，一開始也免不了得寫摘要，總要先告訴讀者這篇文獻資料在說什麼，才好接著分析其優點和缺點、貢獻與不足。

這麼看來，摘要、評論、心得三者，存在著緊密的關聯。我之所以要將三者拆開，主要著眼於訓練中學生的寫作能力，藉以培養專題研究的基本功。摘要、評論、心得三者，就是專題研究寫作所需要的基本功，無論是進行文獻探討，或者研究結果的討論、研究結論的立說，都得運用到這些基本功。

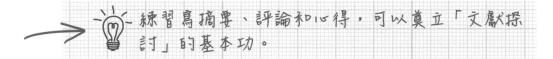

練習寫摘要、評論和心得，可以奠立「文獻探討」的基本功。

在三者的區分之下，所謂「心得」，特別指的是在能入（摘要）、能出（評論）之後的「超越」，這是一個立基於文獻資料而超越其上的思考行動，可以適度地脫離文獻資料的架構，提出有脈絡上的關連，但卻是不同層次、不同方向的反思、推論、評議、感想。

基本上，每一次的閱讀，每一筆文獻資料總能提供新的觀點或視野，讓閱讀者有所思考，甚至獲得啟示。從閱讀者轉變成書寫者，就是要把與文獻資料互動、對話之間所形成的「視野交融」、「視野拓展」具體呈現出來。心得，在一篇廣義的「評論」文章中，正是延續摘要、評論之後的結尾，如何呈現自己視野的拓展或理解的深化，但又能回扣文獻資料的旨趣，不至於自言自語，這就是高明的心得。

下表嘗試將「摘要」、「評論」、「心得」三者的書寫重點加以說明，並提供檢核、評鑑的標準，做為參考。

【表4】「摘要」、「評論」、「心得」書寫重點

階段	體例	書寫重點	評鑑標準
能入	摘要	目的或重要性、方法、重要論點、結果、結論 perspective、argument、approach、methodology、conclusion	1. 簡明扼要 2. 恰如其份
能出	評論分析	1. 問題意識 2. 內容觀點邏輯 3. 使用的材料（證據） 4. 引用其他材料進行比較、詮釋、批判 • 作者立場 • 理論脈絡 • 內容材料 • 研究方法、途徑 5. 用字遣詞、翻譯	1. 淺白明快 2. 先評其有 3. 先進行「同情的瞭解」 4. 評其缺漏，須有理據 5. 論據堅實，論證嚴密
超越	心得	反思自己的生活經驗、檢視相關的社會或歷史現象、拓展超越文獻觀點的其他想法、回扣人類社會共通議題或人類文明普世價值、提供進一步探索的意圖與焦點等	1. 自由書寫 2. 情理交融 3. 見識、器勢 4. 才氣

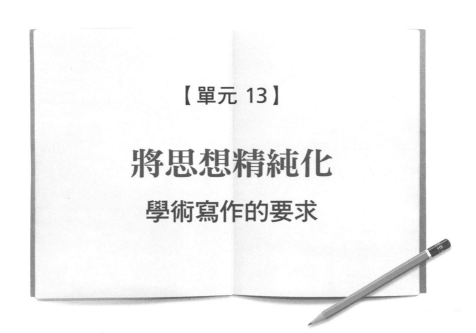

【單元 13】

將思想精純化

學術寫作的要求

學術寫作的標準是其他類型專題研究寫作的參照

　　就專題研究的三種類型而言，「學術寫作」有比較明確、嚴謹的規範，「行動方案」有一部分內容則須比照，而比較自由奔放的「文藝創作」也有一小部分得參考處理。

　　但若撇開專題研究不談，透過「學術寫作」的練習所培養出來的寫作及思考能力，以及「恆心、毅力」等品格（character），是相當重要的；從「為學習而研究」、「為學習而寫作」的角度來看，透過「學術寫作」培養基本功，應該是學生時代很珍貴的成長和收穫。

　　學術寫作所要培養的基本功，最核心的部分是「邏輯推論」。許多學生，也包括不少老師，常會認為數學及自然科學才有邏輯，或者才可以訓練邏輯推論，這真是天大的偏見！所有的學科，即使是美術、音樂，都自有邏輯，也需要各種思考能力的運作，才能完成表達和溝通。

　　不同的學科各有其相對特殊的邏輯，但從普遍、基本的標準來看，

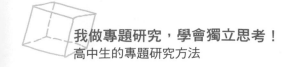
「連貫、客觀、精準、一致」四項，應是所有學科所共有的邏輯要求，也是在絕大多數類型寫作時都必須達成的標準。

連貫

「連貫」，指的是不同章節、不同段落是有組織的，段落之間、章節之間彼此能夠相互連貫、呼應。有些學生在寫作中掌握到許多重點，但這些重點卻是一個個斷開的，他們沒有時間或者心力將各個重點加以歸類、串聯、組織。

我經常要求學生的一個小練習就是重點的歸類，嘗試將十個重點歸類為二至三個大項，然後讓他們體會是直接背十個重點，還是透過這些大項來背，哪一種方式比較容易記住這十個重點。這是一個很簡單的道理，答案當然是後者；其實，這也是平日整理教科書重點、準備考試的技巧。

透過不同重點、段落、章節的分類歸納和連貫呼應，就是在進行「謀篇布局」；而且，唯有經過這樣的歷程，才足以掌握全文的邏輯，樹立「嚴密論證」的基礎。

關於達成「連貫」的技巧，我的經驗是及早建立一個起碼涵蓋三層次的論文目次（架構），然後列印出來。隨著寫作的進行，以手寫方式在相對應的目次記上論點，或必須注意的文獻觀點、精彩的文句等。這份「目次表」是不斷修正的，不斷地筆記、不斷地輸入電腦、列印出來，再不斷地筆記……。

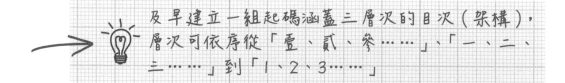

及早建立一組起碼涵蓋三層次的目次（架構），層次可依序從「壹、貳、參……」、「一、二、三……」到「1、2、3……」

換言之，「目次表」是寫作過程中確保論文「連貫」性及謀篇布局的

重要筆記、工作札記。而先前的「目次表」都要留存，直到整個研究寫作
完成，才可以丟棄。

客觀

「客觀」，最簡單的意思是：用字遣詞應該不帶感情，而且有一分證
據說一分話。

但比較重要的標準，應在於：即使對於結論已經事先有所想法，還是
得照規矩來，盡力蒐集各種觀點的文獻資料加以分析批判，不可以將某些
不同觀點的文獻資料捨棄或變造，讓相關資料及論述去符應原先的立場；
這不僅不客觀，甚至已經構成「詐欺」的行為。

基本而言，學術寫作是要呈現具有足夠事實所支持的發現，目的是
「說明」、「揭示」、「說服」，而非「審判」。這就是「客觀」的標準。

關於「客觀性」的意涵，可以參考本單元附錄〈何謂「客觀性」〉，
進一步討論。

精準

「精準」，即是用字遣詞須簡明扼要、不能語焉不詳。

此外，有些「不精準」的問題來自於誤用「客觀」的標準，以為應該
盡量維持中立的敘述，因此文句弄得模稜兩可。事實上，「客觀」來自於
有一分證據說一分話，這可能會導向支持、修改或推翻原來的某個觀點，
這一分話就要精準表達，不能讓讀者誤解。

如果研究完成時，證據依然不夠，必須做出某些推論或猜測；此時，
文句和段落的安排就必須讓讀者很清楚，那些部分是有證據支持的，而那
些部分是作者推論或猜測的。這就是「精準」。

一致

「一致」，比較簡單但經常會被忽略的要求是：前後使用的詞彙應該相同。表達同一個事物或概念的詞彙必須一樣，以免造成讀者的困惑。

比較複雜的「一致」，指的是全文前後邏輯的一致；這就必須靠自己在寫作過程中，經常要進行前後章節和段落的對照。

之所以會出現前後邏輯不一致，應該是很正常的事情。因為，在研究及寫作的過程中，自己原先的觀點、立場是有很大的機會得進行調整，甚至捨棄重來的。再者，整個研究及寫作過程往往歷經一段較長的時間，但每個段落或章節寫作的時間先後不同，中間又可能經過多次修改，於是「不一致」自然而然就會出現。

解決之道，只有一種，就是每隔一段時日，或者寫作有明顯的突破時，應該就需要回過頭檢視核對先前完成的部分，琢磨矛盾之處，使之一致。若一時之間難以取捨，「暫時捨」的那部分就要以另一個檔案存取，並且加上備忘說明，留待適當時機再來斟酌處理。

問題意識

除了「連貫、客觀、精準、一致」四個基本標準之外，另一個重要的寫作要求，是前文一再出現的「問題意識」（problematic）。

問題意識不等於問一個以「為什麼」為開頭的問題。以「為什麼」為開頭的問題，既不是問題意識，而且就研究和寫作而言，應該要盡量避免，理由是「太開放了」，很難確認提問者的意思。

例如，老師問學生，「為什麼遲到？」。老師的意思可能是責怪、關心，或者也可能是要查明原因。這在日常生活中經常發生，學生如果一時沒弄懂老師的意思，可以在後續對話中釐清。

　　就一個研究而言，初期在凝聚研究問題和焦點時，這樣子提問或許還可以，如果後來確認的研究問題還是如此發散，那就會是大麻煩了。由於讀者很難和研究者說上話，發散的研究問題勢必困惑讀者，增添他們閱讀理解的難度。

　　例如，研究問題是：「為什麼學校要規定穿制服？」、「為什麼教育部要訂定課程綱要？」、「為什麼最低工資這麼低？」、「為什麼會有網路霸凌？」、「為什麼會有基改黃豆？」、「為什麼會有氣候變遷？」等等。這樣的提問，根本無法展開研究。

　　何謂「問題意識」呢？研究者所具備的「問題意識」，應該包含兩個部分。首先，覺察到這是一個有意義的問題；其次，已經把這個問題的本

政府在搞
思想控制？

部長不愛
臺灣？

課綱制定應
該有高中生
參與？

為什麼
教育部要訂定
規範如此之嚴格的
歷史科課程
綱要？

課綱應該是
軟性規範？

課綱制定違
反程序正義
原則？

歷史詮釋
應該要多
元化？

歷史教育
要著重歷
史思考？

避免用「為什麼」來發問，以免問題探究難聚焦

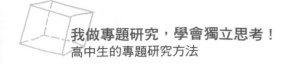

質、影響做出初步的界定，進而預設了探索的方向，以便查明造成這樣問題的原因或歷程。

例如，有學生想要研究：「為什麼教育部要訂定規範如此之嚴格的歷史科課程綱要？」，說實在的，這個提問的可能關注焦點太多了。細究學生的真正意思，其實是希望教育部應該訂定比較寬鬆的規範，讓各家出版社的編寫者可以有比較多的發揮空間，避免思想的制約，落實民主自由社會的精神。

然而，等到開始進行資料蒐集與初步的文獻探討之後，這才發現其實在一九九〇年代，當時捨棄「國編本」，推動「一綱多本」時，已經將「課程標準」改成「課程綱要」，原始的用意就是希望制訂一份軟性的規範，釋放歷史教科書的編寫空間；而且，第一個「一綱多本」的課程綱要，俗稱「88課綱」，就是採取相當寬鬆的規範。結果推出之後，卻造成出版社、學校、大學入學考試中心、學生和家長不小的困擾，之後第二個「一綱多本」課程綱要，俗稱「95課綱」，開始增加比較明確的規範。

在經過初步的探索之後，「為什麼教育部要訂定規範如此之嚴格的歷史科課程綱要？」這樣一個問題，便轉變成「歷史科88課程綱要關於『一綱多本』理想的實現與遭逢的困境」，希望從「國定本」走向「審訂本」大約二十年的演變中，抓出「88課綱」這個「沒有成功」的試驗，深入了解當時尋求解放的理想，是在什麼樣的教育和社會情境中面臨限制及挫敗，因而不得不改弦更張。

確認上述「問題意識」之後，接著還可以根據這樣的問題意識，進行繪圖（mapping），亦即將文字或想法加以圖形化。

從上述事例可知，「問題意識」的形成需要經過一番前置作業，才能在探討文獻、與老師或同學討論中逐漸確認下來。「問題意識」一旦形成，整個研究的方向、重點與研究方法應該也就跟著確立了。

事實上，無論哪一種專題研究類型，「問題意識」都是成功的保證；

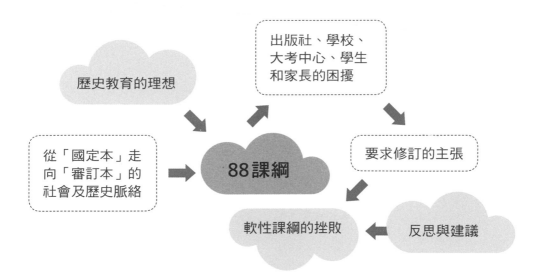

根據問題意識，將文字或想法圖像化

大多數品質堪慮的專題研究成果最根本的癥結，就是欠缺問題意識，或者還不夠明確，造成整個研究和寫作的成果無法連貫、一致，甚至也牽連出精準、客觀上的問題。

試想，一份欠缺明確問題意識，連研究者自己都還搞不清楚的研究寫作成果，讀者怎可能讀懂呢？

論據堅實、論證嚴密

關於學術寫作的要求其實還有不少，但就中學生而言，能夠把握「連貫、客觀、精準、一致」四個基本標準，而且又能確認「問題意識」，應該已經很了不起了。

接下來我們該注意的是，無論學術寫作，或者行動方案、文藝創作，最後都需要就「結果／發現」進行分析及討論，而且還要透過「結論與建

議」彰顯整個研究的意義；這兩個部分，其實才是整個專題研究與寫作的核心。

如何讓這兩個部分的呈現，臻於理想呢？

為了讓大家可以快速、具體地查對專題研究寫作應該有的要求，本書特地將相關的檢核表放在下文附錄，方便大家參考。另外，也建議同時參閱第十一單元「寫作的基本觀念與態度」，針對「結果／發現」和「結論與建議」兩部分的寫作要求，應該就可以具備基本的概念了。

儘管該注意的細部要求不少，「結果／發現」和「結論與建議」兩部分要寫好，最根本的原則應該還是在於：「論據堅實」、「論證嚴密」兩項。

我曾經請教過許多人文學、社會科學、自然科學領域不同學科背景的中學老師及研究學者，沒有例外地，大家都同意「論據堅實」、「論證嚴密」當然是一個理想的研究寫作不能放棄的標準。

「論據堅實」，指的是用來支持全文立場和架構的證據，是充分的，而且具有高度證據效力。「論證嚴密」，指的是邏輯清晰、理路連貫，而且處處都有足夠的證據支持，有多少證據說多少話，即使是證據所不能全然支持的推論，也是在理論有所本，或一般人情事理有所接受下的謹慎假設。

「論據」和「論證」的形成，是相互關連的。在研究過程中，總會查找許多資料，這些資料即使都很有價值，但只有最能貼近問題意識，具體回答研究問題，可以發展出有力論述的資料，才會給篩選出來，轉變為「證據」，進而成為「論據」。

在選取資料，轉變為「論據」的過程中，研究者原本的許多意見，也逐漸受到檢核、淬鍊而精緻化，並且形成有邏輯、有證據支持的論述。這樣的論述將會一方面發展出更細緻的觀點，另一方面也會同時發展出統整的結構，然後整合論據，形成精細的、系統的「論證」。

「結果／發現」和「結論與建議」最為理想的寫作表達，就是需要倚

靠「論據」和「論證」來實現。

　　「論據堅實」、「論證嚴密」兩項要求，看起來似乎「仰之彌高」，但還是一句老話：「知難行易」，講起來不免囉哩叭唆，實際進行時沒有那麼困難，因為這是「合情合理」的；只要具備常人智商和感知能力，其實都能夠辦到，關鍵只有在「是否將專題研究及寫作當成一回事」這樣一個差別而已。

　　本書在第十八單元，特別舉了一個「非專業」的例子，希望大家體會做研究真的只需要一般智商和感知能力即可。

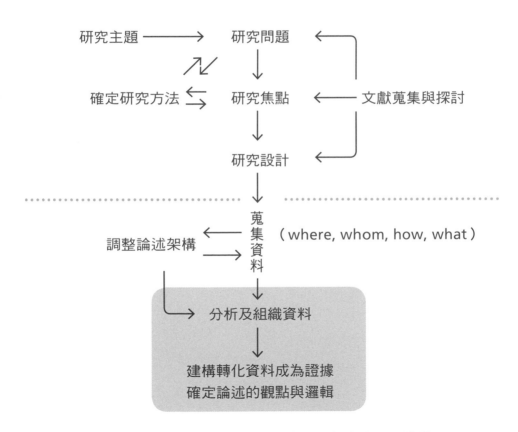

「論據及論證」在專題研究與寫作歷程中的關係位置

專欄　何謂「客觀性」

　　「客觀性」（objectivity）通常指的是事物免於個體主觀情感、想像、詮釋的狀態，或獨立實存的性質。一個理性的人，顯然應該以此為標的，待人接物處事，隨時做出清明公正的判斷，不受偏見或任何外在力量所左右，以便建構一個良好的群體或社會。

　　在人社班，「客觀性」是一個關鍵課題，絕大多數學生（以及校友）顯然奉為優先準則；但仔細分析每一個人的言行，關於「客觀性」的理解與實踐，卻是各有不同的路數。部分人強調面對不同的意見及立場，應該予以尊重、接納，設法同理，盡量不加以批判。部分人則主張世上任何事物都各有優缺得失，因此必須努力做到兩面俱呈，以免偏執。又有部分人認為在進行判斷之時，應該避免摻雜個人的觀點，讓事實自行顯露。但也有部分人相信應該永遠為弱勢發聲，衝撞、批判掌握權勢和資源的人。

　　歷屆學生在高一「社會科學研究法」所完成的課後作業，上述各種「客觀性」的想像都已經出現，在日後的專題研究，乃至大學生涯中的許多公共事務參與，我陸續看到學生有更為清楚的認知與行動。

　　我很高興人社班學生從不會將「客觀性」解讀為「尋求一個標準答案」，在他們的觀念裡，「客觀性」應該是在「多元」中的一種理想狀態；在這樣的期許中，總是蘊含著針對自己的高標準要求，無論採行的是「同理心」、「兩面俱呈」、「中立」，或者「批判」等。但在高興之餘，不免擔心上述這些期許與實踐是否妥適？會不會在一遍的反思中，不自覺地淪入「客觀主義」，或者「相對主義」的風險？

　　所謂「客觀主義」的風險，指的是相信人可以正確、可靠地把握真

實，不帶有好惡、偏見或成見，於是針對自己的發現或結論信心滿滿，不容質疑。所謂「相對主義」的風險，指的是承認每一種判斷或價值都不可能放諸四海皆準，所謂事實或正確，自有其特定的脈絡及條件，每一種判斷或價值都能夠是相對上的對，因而各是其是、各非其非，一派理直氣壯。

如果針對「客觀性」的理解與實踐，最後來到上述任一種處境，基本上都會令我憂心忡忡。多年來透過閱讀、思辨、討論，以及反省，關於「客觀性」的確保，依然是我最為關切的課題之一。我期望人社班學生，無論在專題的研究與寫作，或者參與任何學校、社會的公共事務，關於實踐「客觀性」的作為，應該經由兩道程序來同時確保：

1. 論證嚴密，論據堅實；
2. 永遠對各種可能性保持開放。

「論證嚴密，論據堅實」是基本功。藉由細膩的論據與論證，我們應該坦白地提出自己的見解與結論，即便是委婉的陳述，也不該偽裝或扭曲。這是人社班學生用來確保「客觀性」的硬底子，但就實踐「客觀性」而言，僅屬於必要條件。

「永遠對各種可能性保持開放」是一種軟實力，也是更難能可貴的本事。這個本事，既帶有對自己的反省和信心，更包含對他人的尊重與同理，以及對各種有效證據與論述欣賞的智慧和接納的勇氣，即便因而必須改變，甚至放棄自己原先的觀點，也在所不惜。保持開放，同時也意味著對話與溝通的必然存在，以及尋求相互瞭解的意圖與行動；誰能把自己的想法講清楚，把對方的想法聽清楚，誰就能夠在團體中對於價值的澄清、事理的耙梳、爭執的超越、共識的凝聚、合作的開展，做出深遠貢獻。我們追求「客觀性」，最終目的不在於判定誰是誰非、誰優誰劣，而是要形塑一個愛與正義的社會。

　　環繞著「客觀性」的實踐，專題研究所要鍛鍊的能力，其實與學習、做事的要求是一致的。第七屆人社班畢業生面對自己所完成的作品，應該要再思考整個過程與結果，是否經得起「客觀性」兩道程序的檢驗。這個工作，旁人可以提醒、建議，但關鍵還是在於自己。「客觀性」的實踐，應該是要延伸至日常生活與各種的任務、工作中，來自於高中時期專題研究的反省，可以是一個十分切要的起點。

　　關於「客觀性」的思考，這是我目前的見解，提出來與大家分享，也期待日後的研議與修改。

資料來源：臺北市立建國高級中學第七屆人文及社會科學資優班學生專題研究論文集，召集人序，2013年。標題為後來加上。

專題研究寫作檢核表

要項	檢 核 重 點	是	否
題目和前言（緒論）	題目足以讓讀者掌握專題研究的核心概念	☐	☐
	前言能清楚點出專題研究的要旨	☐	☐
	前言能清楚交代自己對於研究主題的重視及熱情	☐	☐
	前言具有說服力	☐	☐
	前言能抓住讀者的注意力，讓人想繼續讀下去	☐	☐
全文結構與風格	上下章節的結構嚴謹，可以相互呼應，讓人容易理解	☐	☐
	每一個篇章均緊扣著題目要旨或研究設計而發展出來	☐	☐
	透過各章節大小標題呼應內文的重點	☐	☐
	主要的篇章均有自己發展出來的概念及論點加以支持	☐	☐
	主要的推論緊密，具有清楚的邏輯	☐	☐
	結論能概述前文呈現的重點，並清楚陳述專題研究的發現及其價值	☐	☐
內文標題及段落	標題及內文各部分均已完成編輯，具正確格式	☐	☐
	標題及內文已和同學、老師多次研討，聽取修改建議	☐	☐
	標題及內文已竭盡所能多次修改	☐	☐
	依據論點分配或資料引用的斟酌，將標題下的內文區分成若干段落	☐	☐
	每一標題下的第一個段落能點明要旨，吸引讀者注意	☐	☐

（續下頁）

要項	檢 核 重 點	是	否
	每一個段落均緊扣著前導的標題而發展、組織出來	☐	☐
	標題下的各個段落具有若干關鍵文句足以支持題旨	☐	☐
	標題下的各個段落具有足夠的細節來支持題旨	☐	☐
	能引用恰當的資料或事例，支持題旨	☐	☐
	能運用圖片、表格、插圖等方式強化分析解說的效果	☐	☐
文句使用	文句簡明、流暢、易讀	☐	☐
	文句生動、有趣	☐	☐
	能盡量使用自己的話來表達及說明	☐	☐
	正確使用標點符號，沒有錯別字	☐	☐
	專有名詞引用正確適當	☐	☐
	每一章節的結尾段落能以統整、有力的陳述做結束	☐	☐
	提交專題研究成果之前，至少仔細重讀一次全文，確認文句表述無誤	☐	☐
註釋及文獻資料引用	提供的註釋是必要的、充分的、確實的	☐	☐
	文獻資料的參考來自多種的來源，特別是多種資料庫的運用	☐	☐
	參考引用的文獻資料均有註明出處	☐	☐
	文獻引用的格式是一致的、正確的	☐	☐
	清楚標示參考資料或他人言語的直接引述，讓讀者一目了然	☐	☐
	詳細呈現所有參考的文獻資料的完整資訊	☐	☐

附錄

專題研究
寫作示例與解說

為了具體說明專題研究寫作的一些細節，以下引用臺北市立建國高級中學人文暨社會科學資優班第十屆學生林鑫佑於二〇一五年完成的專題研究——《淺論南港瓶蓋工廠文化資產價值》，摘錄作品部分段落，搭配必要的解說，以便提醒具有參考價值的「分析探討」或「書寫表達」之觀念、方法。

《淺論南港瓶蓋工廠文化資產價值》屬於質性研究、經驗性研究。不過，無論量化或質性研究，無論是否為經驗性研究，基本上，構成一個專題研究的要件，通常都會包含五個不可或缺的部分：緒論（前言）、文獻探討、研究架構與方法、發現與討論、結論與建議。詳細的比對，可以回過頭去參考第十單元。

以下的示例討論，就集中於上述五個部分解說；而這些解說的觀點，應該都可以「遷移」至量化研究、非經驗性研究，有所參考。

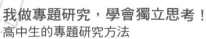

論文架構	摘錄示例	解說
緒論或前言	**第一節　研究動機與背景** 近年來南港的工業城市風貌正發生極大的轉變，有許多大型建設進駐南港，如南港軟體園區、南港展覽館、高鐵南港站、北部流行音樂中心等。老舊的工廠如南港輪胎廠和南港調車場在都市更新的浪潮中消失。研究者欣見南港生活機能與環境品質的提升，但也憂心重要的文化資產在人們的忽略下輕易的流失。在此變遷的時局是研究南港產業遺產的關鍵時機，如何在文化的保存延續及城市的商業開發間取得平衡，如何調適停止生產的工業區土地，是發展變遷中需要思考的問題。 南港瓶蓋工廠的文化資產保存運動肇始於2013年夏，隔年獲文化資產審議委員會同意將部分建築登錄為歷史建築以受《文化資產保存法》保障，但曾承諾全區保留的市長柯文哲上任後仍持續進行特定商業區開發計畫，造成公民團體與市府的衝突，一時引發輿論的熱議。然而即便南港瓶蓋工廠已走完文化資產審查程序，從文資委員登錄歷史建築的理由，到支持與反對全區保留的雙方的討論中，甚至是市政府所發表的歷史建築再利用規畫中，仍鮮見對南港瓶蓋工廠文化資產價值較嚴謹、深刻、系統化的調查研究與論述。而在深刻了解南港瓶蓋工廠的文化資產價值前，實在難以有足夠的材料論辯保存南港瓶蓋工廠的意義，遑論提出適當的保存方式及再利用方案。 因此，研究者試圖透過文獻史料的收集與現地田野調查的方式窺探南港瓶蓋工廠的文化資產價值期待本研究能作為後人深入研究的	①「研究動機與背景」表述的層次分明，而且把研究者的動機和研究主題同放在一個具體的時空脈絡中，點明此一研究的意義及價值。 ②「研究目的」只有兩行字，但已經能夠說明研究的「問題意識」。 至於選擇從「歷史沿革」、「景觀特徵」入手，應該是研究開始一段時間之後才能決定的。之所以將這「後見之明」寫在一開始的緒論或前言，在於方便建立全文論述的邏輯，並且讓讀者比較容易理解。 ③「研究範圍」界定很清楚，這可以讓後續探討分析時比較能夠聚焦。 ④ 第二節末呈現南港瓶蓋工廠舊址位置圖（圖1），

論文架構	摘錄示例	解說
	參考、論辯如何保存的依據，也為市地重劃動工前的南港瓶蓋工廠全區作一詳實的紀錄。	但在行文之中僅交代圖2，卻沒有交代圖1，有圖卻無文字解說。這會讓讀者搞不清楚圖1的作用。
	第二節　研究目的與範圍	
	本研究目的是歸納南港瓶蓋工廠的歷史沿革與景觀特徵以回答「南港瓶蓋工廠有何文化資產價值」這樣的問題。	圖1在行文中的解說，應該可以放在第一節第二段一開始：南港瓶蓋工廠（舊址位置如圖1）的文化資產保存運動肇始於……
	本研究之範圍南港瓶蓋工廠，位於臺北市南港區南港路二段、南港路二段15巷、市民大道八段及興華路所圍成的街廓內，即本區南港段四小段407、407-1、407-2、407-3、407-4、407-5、408、408-1、408-2、409、409-1、409-2、409-3、409-4、410、410-1、410-2、410-4、410-5地號，如圖2所示。本研究所稱南港、南港地區，指臺北市南港區北側土地利用相似、連續的平原地帶；指南港行政區全區（即含南側山區）時以南港區稱之。研究的時間範圍自設廠前起，迄於2015年9月市地重劃動工止。	⑤ 遣詞用字、句讀（標點符號）、段落區分等，都還有再修改、調整的空間，讓表述可以更為精確、合宜。
文獻探討	文化部文化資產局建置的文化資產個案導覽系統上這麼描述南港瓶蓋工廠獲公告登錄歷史建築的理由：	① 總計977字，引用文獻資料共四筆，主要闡述「產業遺產價值」，以及「史實性主題的『脈絡延續性』」兩個將會在後面章節探討的焦點，這是相當扼要、合宜的書寫方式。
	1.「南港瓶蓋工廠」為日據時期之民營「國產軟木工業株式會社」所屬工廠，臺灣光復後由臺灣省專賣局（今臺灣菸酒股份有限公司）接管並先後改名為「木栓工廠」及「臺灣省菸酒公賣局瓶蓋工廠」，專門生產公賣局所屬14家酒廠酒類包裝所需各種瓶蓋、軟木栓等產品。	

（續下頁）

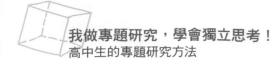
論文架構	摘錄示例	解說
	2. 現存該廠區北邊之日據時期建物，其木桁架材料、作法皆有一定品質，崗哨目前在臺北附近，除軍事營區外，民間所有極少，皆呈現當時產業建築之特色，可作為瓶蓋產業的歷史見證。 由此可知目前對瓶蓋工廠的理解，不外乎其產業文化資產（產業遺產、工業遺產）的身分以及日本時代建物與崗哨的特殊性。因此由「產業文化資產」的方向著手應是可行的方向。張崑振（2013）引述國際產業遺產保存委員會（TICCIH）於2003年公布的〈下塔吉爾憲章〉中歸納的四項產業遺產基本價值：歷史價值（作為歷史證據）、社會價值（作為科學技術與美學的載體）、本質價值（工業地景、檔案文獻、無形記憶等）與稀有價值以及2012年發表的〈亞洲工業遺產臺北宣言〉中對亞洲產業遺產的特性與價值的重點整理：快速變遷的產業環境、突出的地方性、文化景觀的風土特色及完整性的強調等等。由此可知，欲了解某產業遺產的價值，不僅應探究其建築、設備、技術本身，更應回顧它是哪些歷史的見證？產業有何特性？和地方人民、聚落發展有何關聯？反映了什麼樣的人地關係？如是等諸多問題，都是分析產業遺產價值時應考量的，然而因研究者能力、資源有限，且南港瓶蓋工廠只是大產業中的一個小工廠而已，許多資料也不易取得，難以充分進行前述的價值討論過程，只能以此為參考，試歸納幾點價值，也聊備一格。 除了產業遺產這樣的視角，胡寶林（2003）曾提及：「古蹟保存無論如何再利用、再活	② 關於「南港瓶蓋工廠」獲公告登錄歷史建築的理由，雖文中明言取自「文化資產個案導覽系統」，但並未註明此一筆資料的詳細來源，譬如網址，或是出版資訊，應該要加上。 ③ 直接引用的呈現方式是正確的，把握住「內縮兩個全形字元」、「字體改變」、「與前後段距離各空1行」等原則。 不過，「文化資產個案導覽系統」原來的公告，兩點理由是分開成兩段落說明的，但本文卻是拉在同一段落，較為不妥。應該還是要尊重原來的表述形式。 ④ 遣詞用字、句讀（標點符號）、段落區分等，都還有再修改、調整的空間，讓表述可以更為精確、合宜。

論文架構	摘錄示例	解說
	化都應保有指定時的史實性主題和多個『生命週期』的『脈絡延續性』」。南港瓶蓋工廠在遷廠後成為塗鴉愛好者與電影劇組活躍的創作空間，也曾短暫作為都市再生前進基地（URS）使用，黃元鴻（2012）的研究中記錄了URS的過程、大致成效及其限制，研究者得以突破來不及觀察到URS運作內容的研究限制。研究者認為，遷廠後的南港瓶蓋工廠自然進入了新的生命週期，空間本質在這段時間經歷了莫大的轉變，因此文化資產價值的討論不應只聚焦於產業遺產的生產時期，更因注意這段相當接近當下的後工業時期對空間的影響及自其延續的脈絡。	
研究架構與設計	**第三節　研究架構與方法** **一、研究架構** 研究者參考規模或年代相似的產業文化資產修復、再利用調查研究報告。這些報告先探討產業及所在地區歷史，再進行產業文化資產的沿革及建築研究，包括建築特色、損壞狀況等，最後確定保存範圍與目的，並據此進行修復與再利用之建議。本研究與回答的「有何文化資產價值」問題與「保存目的」相似，因此應可以相似的邏輯為本研究的研究架構。 本研究之架構，第貳章先以一個較大的尺度探討南港瓶蓋工廠的背景——南港的產業發展，再細談南港瓶蓋工廠本身的歷史沿革，其中又以2004年停產作為分期，分別探討設廠緣由及工業生產時期沿革，和停產後的後工業生產時期沿革，如此才能將工廠不同的生命週期作較為完整的理解；同時增添一	①放在第壹章「前言」的第三節，接續在「研究動機與背景」、「研究目的與範圍」之後，這是目前多數專題研究章節安排的慣例。 但比較合宜的安排，應該要放在「文獻探討」之後，亦即經過了文獻探討，檢視前人的方法或發現，同時了解與主題相關的重要資訊之後，這才確定了研究架構，以及選定研究方法。

（續下頁）

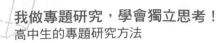
論文架構	摘錄示例	解說
	節廠區內部土地利用變遷的討論，與前幾節的沿革呼應，也幫助讀者了解當前的空間配置是如何形成的。第參章則與第貳章平行，專門描述現場景觀，從工廠整體的描述到針對廠內不同區域建築、附屬設施與植栽的紀錄，同時也透過生產空間的描寫重現生產流程的路徑。最後在第肆章中利用前二章的研究成果分析南港瓶蓋工廠的文化資產價值，以達成研究的目的。 **二、研究方法** （一）、文獻分析 為了釐清南港瓶蓋工廠歷史背景，分析比對政府公文書（公報、都市計畫書、地籍建物資料等）、出版品（如《臺灣省菸酒公賣局局志》）、地方史料（如《臺北市志》）、舊報紙（如《臺灣日日新報》）舊公文（來自《國史館臺灣文獻館數位典藏整合查詢系統》等資料庫）、舊地圖（來自《臺北市歷史圖資展示系統》等資料庫）。 （二）、訪談 訪談發起南港瓶蓋工廠保存運動的公民團體「瓶蓋守衛隊」領導人林怡君，獲得同意參考吳慧貞老師所提供禾磊藝術在游樂園期間聘請的北藝大學生以及瓶蓋守衛隊志工所做的向前南港瓶蓋工廠員工的訪談資料。 （三）、現地調查 在2013年11月9日至2015年9月12日間進入南港瓶蓋工廠廠區11次，以攝影方式記錄各建築物的立面、結構、機具、塗鴉、植被等，並進行簡易的測繪輔助整理攝影記錄。	②「研究架構」第二段開始談第參章的部分，應另起一段，方便讀者閱讀。 ③「研究架構」若能以架構圖、階層圖等圖形來表示，更能收一目了然的效果。 ④ 三種研究方法的交代很清楚。如果能夠在一一交代中，再將每一種研究方法去連結、對應研究架構，應該能夠提供給讀者更加整體的研究圖像。 ⑤ 若在量化研究（或數理學科研究）中，「研究架構與設計」通常得以專章篇幅，詳細地說明研究模式、研究工具、研究程序、抽樣方式、資料蒐集和分析方式、統計方式等。

論文架構	摘錄示例	解說
發現與討論	**第貳章　南港瓶蓋工廠之變遷及其脈絡** 第一節　南港地區工業與都市發展簡史 第二節　設廠背景及工業生產時期沿革 第三節　後工業生產時期沿革 第四節　廠區土地、建物變遷	① 第貳章、第參章是本文主要的內容。基於篇幅考量，此處僅呈現章節架構。 ② 依照第壹章第三節「研究架構」所言，第貳章處理的主要是「沿革」，而以2004年為界，分為前後兩期。但細部來看，真正處理瓶蓋工廠「沿革」部分，主要是第二、三節。 ③ 第一節所處理的，其實是南港地區「工業」和「都市」發展的關係，這是一個鳥瞰的視野，有助於讀者「看」到整體輪廓。 ④ 第四節雖處理「沿革」，但焦點是廠區土地利用（特別是建物）的變遷，之所以特別拉出來探討，是為了「銜接」第參章作準備，先讓讀者了解目前的空間配

（續下頁）

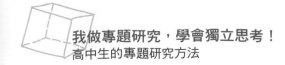

論文架構	摘錄示例	解說
	第參章　南港瓶蓋工廠舊址環境及建築調查 第一節　建物概況 第二節　廠區北側：倉庫群與配銷所 第三節　廠區西側：鐵皮印刷廠房 第四節　廠區南側：沖型塗膠廠房與配電室 第五節　廠區東側：行政、福利、維修、塑膠瓶套生產 第六節　其他現存附屬建築物與設施 第七節　植栽狀況	置是如何形成的。 ⑤ 第參章著眼的是當前景觀與空間現況。這是前後花了兩年時間細密調查和記錄的工作成果。最珍貴的地方，在於研究者從觀察和訪談中看到人們和空間互動、發展的過程。 ⑥ 這兩章是相當紮實的研究成果，比較可惜的是欠缺一個歸納式的討論。最好的方式應是在每一章最後各再加上一節，名稱可以叫做「小結」，將前頭各節的發現做出歸納和闡述，點出相關的意義。 第參章的「小結」則可以進一步連結、統整第貳章，並為第肆章的探討做出鋪陳。 這樣的處理將可以讓全文的論述邏輯更為緊密。

論文架構	摘錄示例	解說
結論與建議	**第肆章　南港瓶蓋工廠文化資產價值分析** 由第貳章對南港與南港瓶蓋工廠歷史的探討及第參章對南港瓶蓋工廠景觀的觀察，可歸納南港瓶蓋工廠具以下文化資產價值： **一、二次大戰的歷史見證：** 南港瓶蓋工廠的設廠背景是因應二戰時軟木輸入量銳減而採行的措施，生產的碳化軟木板也供應海軍軍需。據瓶蓋守衛隊訪談吳姓老員工內容，南港瓶蓋工廠在美軍的空襲行動中亦曾遭受攻擊。廠內的機槍堡、防空洞等保安設施也是戰爭時空環境留下的遺產。 **二、殖民經濟的歷史見證：** 軟木代用品製造業可分為以黃麻莖為原料者及以栓皮櫟樹皮為料者，後者生產者較少且分布於本島中北部，作為林業的下游產業需要殖民政府對殖民地山林資源的主動調查與經營（在國產軟木的案例中，是官方經營的太平山林場），本身也扮演林業資源生產要素市場的消費者角色，是殖民經濟所創造的現代林業產業鏈中重要的環節。而國產軟木的產品又多銷往總督府專賣部門、日資主導的水產會社及軍方。身處這樣的網絡中，其殖民經濟色彩可謂相當鮮明。廠內目前仍留存日本時代興建的廠房，工廠格局亦由日本時代之設計發展而來，足作為殖民經濟的見證。 **三、產業與都市發展的歷史見證：** 國產軟木在南港設廠，反映了南港於1940年代逐漸工業化的過程；而其遷廠、荒廢則	① 原文附有照片71、72，以及4個腳註，此處省略。 ② 第肆章目前處理的方式是將前面兩章的發現抽繹出六種文化資產價值，「平鋪直敘」地做出交代。這樣的處理方式是必要的，但限制在於過於「平面」，不夠「立體」，無法凸顯出前面「研究發現」的價值。 ③ 如何做出「立體」效果呢？依據第壹章所交代的研究目的，本文主要是從歷史沿革與景觀特徵來回答「南港瓶蓋工廠有何文化資產價值」。既是如此，在分析歸納出六種文化資產價值之後，理應根據「歷史沿革」、「景觀特徵」這兩層面做出聚焦歸納。 如果再對照「文獻

（續下頁）

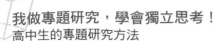

論文架構	摘錄示例	解說
	是近幾年來產業升級，工廠陸續拆遷改建的寫照。南港瓶蓋工廠是目前南港留存最老的工廠，足作為南港產業發展的見證。要是將觀察的尺度擴大到臺北市的範圍，南港瓶蓋工廠更可與臺北市內保存的其他產業遺產構成「首都鐵道沿線產業遺產群」（台北村落之聲，2013）。這些產業遺產大多是官方的公賣局、鐵路局所有，南港瓶蓋工廠的存在除了是臺北市鐵道沿線工業區往南港延伸的重要節點，也是臺北市所保存的專賣事業遺產中的重要補充。 **四、完整留存的工業景觀：** 廠內留存著一個工廠所需的不同機能的建築：生產線、辦公空間、維修空間等。通風孔道與管線、室外安全梯及隨處可見的標語構成了景觀上的工業元素。廠內兼有1940年代、1970年代至1990年代的廠房建築，雖然後兩者目前不具稀少性或特別的美學價值，但彼此有井然安排的動線、方正簡潔互相呼應的外觀，形塑了工廠擴建的時間脈絡，也具體而微的保存了不同年代的工廠建築形式。從這個角度來看，目前僅劃定數棟早期興建的建築為保存範圍是不利文化資產的保存的，這樣的做法也將相當程度的減損南港瓶蓋工廠整體作為歷史證物的價值。而隨著南港近年的都市更新及市地重劃，南港瓶蓋工廠的景觀對於南港而言，正逐漸從「隨處可見的」轉變為「稀少的」。在可見的未來內，南港瓶蓋工廠可能成為南港第一波工業化（1940至50年代）廠房中碩果僅存的工業遺址。	探討」一節所指明可以從「產業遺產價值」及「史實性主題的『脈絡延續性』」進行分析，那麼在第肆章也應該要比照辦理。 應該說明的是，要做出「立體」效果所需要的材料，第貳、參章其實都有，而且很豐富，因此再利用一些篇幅做出統整分析，絕對是可行的，並能獲得加乘效果。 ④ 需不需要提供「建議」之類的想法呢？本研究在分析完六種文化資產價值之後，全文就戛然而止，如果能夠加上「建議」，應該可以比較周全。 至於要寫什麼「建議」呢？舉例來說，細看六種文化資產價值，其實第四、五、六種應該是更具當代意義、

論文架構	摘錄示例	解說
	五、特殊的勞動文化景觀： 南港瓶蓋工廠內保留著豐富而難得的勞動地景，特別可以體現於福利大樓，以及廠區東側的果樹與運動場，這些設施使工廠不止是員工勞動、生產的場所，也是員工的休閒場所： 當時在瓶蓋工廠裡工作的員工，幾乎都住在工廠附近，因為離家近，員工幾乎都能照顧到家庭，快樂工作也快樂地生活……員工們就如同生活在廠區，又廠區座落在南港生活區內，假日有不少員工會攜家帶眷地到工廠做戶外活動，例如籃球或是棒球等。廠區平日有員工上班，假日廠區就如同員工的活動中心般，生活是息息相扣的（廖姓前工廠員工訪談整理，引自孫意盈、陳奕之，2011）。 **六、廢墟中自然形成的創作文化：** 不同於以往由官方主導將閒置空間轉型為藝術空間的突兀，南港瓶蓋工廠在遷廠後是在臺灣的廢墟塗鴉脈絡下自然地成為創作的場所（王筱甄，2008），而後才在URS13時期邀請更多國內外街頭藝術家打響知名度。南港瓶蓋工廠內的塗鴉除了美式風格的簽名作品外，更有許多融合廠房空間特質，或以臺灣社會現象（錯誤！找不到參照來源。）、本土語言（錯誤！找不到參照來源。）、南港瓶蓋工廠本身等題材創作的塗鴉，顯見南港瓶蓋工廠在塗鴉文化的全球化影響中，已逐漸發展出在地性的塗鴉脈絡，質與量亦獲得顯著的提升，可說是臺灣的「塗鴉聖地」。	別具洞察的價值。後續研究或者文化資產活化再利用工作，若能聚焦於此進一步發揮，應該是很重要的入手處。 此外，「建議」也可以針對研究方法、過程或觀點（問題意識）做出自我檢討與建議。 本文作者在專題研究課堂上就曾做出自評，認為自己在研究過程中未能妥善處理「人」的問題。他的意思是指在瓶蓋工廠這個「田野」研究時，傾向於將所有的人都視為一個整體，沒有從「空間使用者與其行為的關係」仔細思辨、識別不同的類型（或群體）及其行為內涵和影響，並且據以分析瓶蓋工廠作為一個「公共空間」的可能意義，或者進一步批判它

（續下頁）

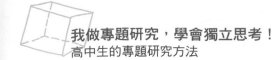

論文架構	摘錄示例	解說
	電影的拍攝也是如此，先有受南港瓶蓋工廠獨特的氛圍吸引而主動來此拍攝的MV、短片，才有URS13時期台北市電影委員會介入管理並協助免費租借拍攝場地，也帶來更多來此拍攝的劇組。	應不應該成為一個「公共空間」。 這是相當重要的覺察！
	較之國內其他已轉型或將轉型為藝術空間的閒置空間，「藝術」往往在當時的時空背景與政策條件下被作為一種再利用的手段植入，並不是空間的原生條件造就的，甚至很可能只是全球化的副產品（朱曼華，2005，187）。南港瓶蓋工廠則顯然更具脈絡與發展的優勢，其箇中原因或許正是南港瓶蓋工廠作為「廢墟」的空間身分，複雜多樣的空間本身便足以供應藝術的靈感、媒材，充滿多種利用的可能性，更重要的是允許自由的想像與使用，提供成為街頭藝術實踐的場域的條件。	
	廢墟「滋養藝術」的同時，其衍生的藝術作品本身也具備特殊的文化價值。後工業時代都市中閒置的大型工廠（廢墟），既是近幾年南港的寫照，也是全球工業都市共同面臨的課題。廢墟反映了都市面對的問題，其衍生的藝術創作則反映了人們對此（全球化、縉紳化、消費主義與資本主義等）的批判，以及人們對邊緣空間的好奇與對自由的愛好；南港瓶蓋工廠內的塗鴉作品亦如是（Tze-lan Sang & Ian Hoopingarner, 2014）。在這樣的脈絡中，廢墟是產業建築生命週期的一部分，是當代的真實，因此這些塗鴉並不減損其產業遺產的價值，反而充分了這個空間在不同年代的意義。	

論文架構	摘錄示例	解說
	然則即便如此，一座消極管理的廢墟所衍生的治安與環境隱憂仍是現實存在的問題，可能與社區居民的生活品質互斥，同時影響文化資產保存的意願。因此真正具有保存價值的並非形式上的廢墟狀態，而是其較不具排他性而允許高度自由使用的靈活性的內涵，以及塗鴉創作中的象徵與時代意義，如此才能轉化南港瓶蓋工廠難得的廢墟文化為可利用與傳承的文化資產。	
整體評估	1. 這份專題研究報告檢附了大量的地圖和照片作為佐證，許多地圖取自一手史料，而且還能運用疊圖技巧比對不同年代的景況；至於照片，則是來自多次田野研究時的深入觀察記錄。這些地圖和照片最珍貴的價值是呈現了時間的變遷，形塑瓶蓋工廠的歷史脈動，大幅提升閱讀全文的理解程度。 2. 透過地圖、照片、史料、調查及訪談紀錄等，這份研究報告相當忠實地保存許多的文獻觀點和在地意見，無論型態上與價值上，都可以等同於文化主管機關所進行的文資調查研究。 3.「田野研究」通常是一種多重方法的研究取向，在本研究中運用了文獻（包括史料及學者的研究著作）、訪談、觀察、測繪等方法，透過不同方法所蒐集到的圖文影像資料與觀點，自然更能夠勾勒出一個比較整全的圖像。當然，如果有需要的話，「田野研究」也可以安排問卷調查，獲取比較廣泛性的意見。 「田野研究」可以多方磨練研究能力，不過，得用上大量的時間與心力。本文作者足足花了將近兩年時間構思、籌畫、實作、反思、書寫，十分努力。這些自己親力親為而學習到的本事，終身受用不盡。 4. 本研究資料蒐集、參考、運用的主要來源，包括瓶蓋工廠保存運動「瓶蓋守衛隊」負責人的訪談，以及「瓶蓋守衛隊」志工已經彙整的資料，再加上臺北市都市更新處於2010年起推動「都市再生前進基地」（Urban Regeneration Station, URS）	

（續下頁）

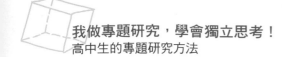

的政策實行與研究資料。這些資料分別呈現第一線志工組織和官方主管機構的觀點，自然都是十分重要的。就一名高中生而言，已屬難得。

若從將來要進一步充實的角度來看，蒐集更多的市民觀點，以及其他文資保存運動組織或領導者的意見，呈現更為多元的觀點和論述，應該是必要的。

5. 或許是因為研究寫作到最後階段已經疲累，或者足以反思剖析的內容過於豐富，一時之間難以消化、釐清，作者自己對於研究發現的討論比較偏向重點的歸納整理，欠缺對於相關議題的辯證或批判思考（Dialectical Thinking, Critical Thinking），藉以避免落入過於單一或線性的邏輯思考框架。

尤其是針對官方文獻、受訪者觀點和各種田野資料，以及針對研究方法與歷程等，相關的分析、論證，或檢討行動是必要的；換言之，這在研究時程事先的安排上，本來就一定要放進來。透過這樣的分析、論證、檢討過程，再加上多元觀點的比對辯證，研究者才可能不會掉入特定觀點，或為「田野」所侷限而跳不出來，同時也才有機會從多個面向和層次上提出自己的論點，為這整個研究主題做出新的貢獻。

當然，「力有未逮」或「強弩之末」的侷限，其實是許多研究報告的通病，不是高中生才會出現的問題。可能的解決方法有兩種，一是務必先預留沉澱、統整、反思、修改的時間；二是將研究發現與討論作出聚焦，亦即需要「割捨」，與其放一大堆講不清楚的東西，倒不如擇定最核心、最有感受的部分好好分析闡述。至於剩下的部分，後續再充實、修改，留待下回精彩呈現。

第  部

像創客一樣取精用宏

・從資料中探索證據・

【單元 14】

上窮碧落下黃泉

資料蒐集與引用

從「收集」到「蒐集」、「搜集」

　　從詞意來看，「蒐集」、「搜集」均指「搜索匯集」，「收集」僅有「聚集」之意，比較欠缺「探求尋找」的意涵。

　　不過就專題研究而言，「收集」其實也很重要，這指的是平日應該廣泛涉獵，對各種現象或資料都能保持開放、好奇的態度，「無所為而為」，這種隨時積累、舉手之勞的揀選及保存，使得「收集」達到一定的量之後，便能開始促成旁通、博通。或許，專題研究的主題及問題意識就是在先前某一天無意之間收集、瀏覽時所埋下的機緣。

　　換言之，「收集」來自於一種平常針對周遭世界的好奇，保持對於各方人事地物的開放心胸，不是針對專題研究的汲汲營營，它比較隨意自在。

　　若能在這種平日積累、博通的「收集」之上來進行專題研究的資料查找，「蒐集」（或「搜集」）於是就能成為一種「通」上求「精」的行動；

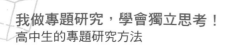

「蒐集」的行動將導向「精通」的達成，而從「收集」得來的觸類旁通，將很有機會為「蒐集」帶來創意，豐富的視野，或者深刻的洞察。

當然，許多老師都很清楚，現在的中學生不少人平日除了熟讀準備考試的書籍之外，幾乎已不太讀書，對週遭事物也不甚關心，「收集」的功夫自然十分薄弱。一旦開始做專題研究，往往又不假思索找個題目，然後急功近利上網、一心一意地運用搜尋引擎找資料，或者隨意抓幾本書來翻閱，但又沒有打算花下心力精讀。

在此狀態下，學生們顯然在使用應該是平日無所求的「收集」方式來查找專題研究所需要的資料，「亂槍打鳥」，或者「抓進籃子裡的就是菜」，這當然是一種嚴重的錯誤。

做專題研究，需要帶著問題意識，有目的、有計畫、有方法地「蒐集」資料，不能始終只有一個模模糊糊的想法，一直在翻網頁、翻書，妄想能撈到立刻派上用場、甚至一勞永逸的資料；其實，在這種心態下，即使真有重要資料，也很容易真的只是「過目」，然後就成為「過眼雲煙」。

在確定真要進行專題研究的那一刻起，為了彌補平日「收集」功夫的不足，一開始的查找範圍要擴大一些，多使用一些相關的「關鍵字」搜尋，要有想像力，要不嫌麻煩，而且也要多請教他人。

試著換個角度想，就是利用這次做專題研究的機會，開始學習讀書該有的態度及方法，設法從「收集」、「蒐集」過程中，體會博通、精通的訣竅和樂趣；趁年輕，多為自己累積一些歷練、培養一些基本功。

從「資料」、「資訊」到「知識」

從專題研究者的觀點來看，「資料」（data）是一種最為原始、自然的參考來源形式，從「資料」到「資訊」（information），得靠自己的功夫加以蒐集、篩選、組織；若能進一步將各種資訊加以理解

（comprehension、understanding）、 分 析、 解 釋（explanation、interpretation）、比較、綜合，乃至批判、活用、創新，這就形成了「知識」（knowledge）。

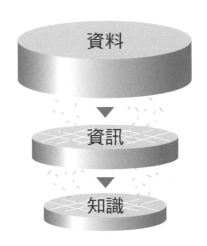

從資料、資訊到知識，是一層層的篩選加工

　　舉個例子來看。

　　學校健康中心的護理師每一天都會處理各種傷病的狀況，依照規定，護理師必須登記傷或病的類型、處理時間、處理方式等，這通常是一個三聯單。護理師在當下的登記，就是一筆筆的「資料」。等到一個學期過後，認真的護理師將半年的資料加以彙整分析，還繪製統計圖表，同時也發現籃球場是最常發生傷害的地方，主要是腳踝扭傷，以及碰撞受傷，此外也有部分個案是打球衍生打架、肢體衝突而受傷。護理師將這些統計分析及圖表回饋給總務處、體育組、學務處等單位，這種種發現，其實就是「資訊」。

　　在各單位的研商和規劃下，學校針對各種發生傷病原因，改善了軟硬體設施和作業流程，同時也調整各種醫材採購的優先次序及數量。這一套學生傷病風險控管和校園健康生活治理的系統建置，即是「知識」。

　　回到專題研究寫作來看，理想上，研究最終應該呈現的，大部分會是「資訊」，以及數量較少、但價值最高的「知識」，構成專題研究最精采的部分。

　　每一筆參考來源，無論是文獻與否，在專題研究中都必須有「用」，而且都得經歷從「資料」變為「資訊」、再轉化成「知識」的過程。這個過程儘管有諸多環節和程序，但不外乎「解讀」、「解釋」兩個「精緻加工」的過程。

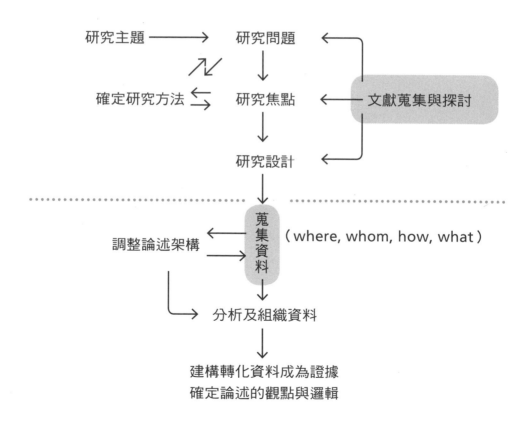

「資料蒐集」在專題研究與寫作歷程中的關係位置

在這個簡化的「專題研究與寫作歷程」圖解中，有兩處需要進行資料的蒐集與分析探討，一是虛線之上，屬於研究初期的「文獻蒐集與探討」，二是虛線下方，屬於正式研究的「資料蒐集」。兩處的資料蒐集，都必須經過「解讀」、「解釋」的過程，才能轉化為「資訊」及「知識」。

由於「文獻蒐集與探討」是研究初期很重要的工作，下一單元將會針對其中「探討」部分加以探討。「蒐集」的部分先在本單元一併處理，這包括：

1. 研究初期：蒐集前人研究成果或各種文件，這些資料通常都可稱之為「文獻」。

2. 正式研究：透過圖書館、資料庫、「田野」、專家、實驗室等，以特定的方法蒐集不同類型的資料。

資料在哪裡？

每一個專題研究所需要的最主要資料來源，可能都會因為研究主題和特定的問題意識不同，而出現一些差異。但如果從多數中學生蒐集資料的習慣和問題來看，關於「資料在哪裡」這個議題，倒是有幾個很迫切需要處理的重點。

首先，許多學生只知道上網借助Google、Yahoo、蕃薯藤、百度等搜尋引擎，在至少十億網頁茫茫網海中試手氣；其次，則是找「維基百科」。有一部分的人根本不會去找紙本資料，也沒打算上圖書館，所以交出來的研究成果只有寥寥幾筆參考資料，全從網路上抓來的。

我常常諷刺這些學生說，「你怎麼知道，當初上網po資料的不是黑猩猩？」

> 除了網路資料，紙本資料的蒐集也是必須。

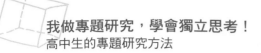

運用搜尋引擎找資料是必要的,但不能只倚賴這個單一方式。我們應該透過搜尋引擎或其他特定方式,優先找與研究主題相關的「資料庫」(database),比較能夠事半功倍地發現所需要的文獻或其他資料。

「資料庫」的出現,使今日的求學、做學問大為便利。但「資料庫」就僅是「資料的大匯集」而已,我們得親自從中蒐集、篩選、組織,才能形成對己有用的資訊。現有許多資料庫是免費使用的(如國家圖書館部分的電子資料庫,臺北市100線上資料庫如《大英百科全書》、《聯合知識庫》等)。國家圖書館還有一些資料庫或索引系統也很有參考價值,如「臺灣博碩士論文知識加值系統」、「臺灣期刊論文索引系統」、「政府公報資訊網」、「臺灣人文及社會科學引文索引資料庫」、「全國圖書書目資訊網」、「臺灣記憶系統」等。

此外,可以在國家圖書館內使用的電子資料庫超過兩百五十種,目前凡年滿十六歲以上之國民或未滿十六歲之高中職在學學生,都可申請閱覽證。

其他,例如地方政府成立的圖書館和各處分館,也都是相當重要的公共資源。即使是資源相對比較少的學校圖書館,也都有一些資料庫可以運用,譬如「小牛頓」、「大英線上」、「華藝線上」等,足以節省一些查找資料的時間。

此外,還有不少品質很好的科普網站,也是蒐集資料的優先選擇:

1. 數學及自然科學

科學人、科學月刊、科學發展,泛科學、科技新報、科技報導、環境資訊中心、研之有物、食力、動物當代思潮等。

2. 人文及社會科學

天下、遠見、商周、今周刊、多維新聞、風傳媒、上下游、獨立評論、關鍵評論網、換日線、報橘、地球圖輯隊、新頭殼、社企流、思想坦克、聯合報「轉角國際」及「鳴人堂」、說書、故事、史家周刊、歷

史學柑仔店、巷仔口社會學、芭樂人類學、菜市場政治學、哲學哲學雞
蛋糕、沃草烙哲學、哲學新媒體、司法流言終結者、法律白話文運動、
GeogDaily 地理眼、研之有物、食力、動物當代思潮等。

　　另有一個好方法，是使用「Google 學術搜尋」（Google Scholar）。
相關說明，請參考：臺大圖書館參考服務部落格 http://tul.blog.ntu.edu.
tw/archives/16097

　　除了數位資源之外，圖書館中有許多工具書，譬如專業的百科全書、
字典、手冊、年鑑、統計年報等，再加上與研究主題相關的期刊、書籍，
應有盡有。只要出門的準備工作做足，實際上走一趟圖書館的收穫是相當
可觀的。

　　圖書館的使用，無論蒐集實體資源或數位資源、線上資源，應該是做
專題研究所需要的本事，或者換個角度想，利用做專題研究的機會學會這
些本事，將是獲益匪淺之事。還有，記得善加請教圖書館裡值班的專業人
員，有他們的協助，進入「寶庫」滿載而歸，絕對是可以期待的。

在蒐集資料的過程中，有一些基本原則和技巧，應該是要注意的：

1. 「關鍵字」（Keywordss）是打開資料庫的Key。
2. 不要只使用Google，或者維基百科。閱覽書籍、報章、期刊、論文等，仍然是很重要的。
3. 「文獻」通常指的是已經出版、發表，或者雖未出版但已經過整理建檔而公布的文件資料，前人研究成果等。優先掌握「文獻」是必要的，但應該要提醒自己，不要忽略外文文獻或其他類型的資料。
4. 最近十年內的相關文獻不應遺漏，但更早期的關鍵文獻也要掌握。
5. 「文獻」之外還有多種形式的資料，如果我們一心只在意文獻，便可能喪失其他許多寶貴的參考資料，因此，必須同時注意地圖、圖片、影像、錄音、實物等資料的蒐集。
6. 每一筆蒐集、閱讀過的資料或文獻，如果後面附有「參考書目」或「參考文獻」的話，盡可以從中挑選查找，如此一來，就可以如同滾雪球一般發現更多相關文獻資料。

當然，應該得提醒的是，許多線上搜尋，通常只能看到標題、摘要、作者、出處等有限資料，看不到全文。想要看到全文，大概只有兩個方法，一是付費下載；二是抄錄檢索所需的資訊，然後確認在自己可以方便使用的圖書館裡有這些相關的書籍、期刊、論文、報紙等典藏，在彙整一批需要查找的資料出處之後，就能好整以暇出門，走一趟圖書館挖寶去。

「田野」充滿精彩的人物、知識、故事及智慧，不是「文獻」所能涵蓋的。

不要忘了專家和研究現場

絕大多數學生在做專題研究時，最仰賴的資料蒐集方式就只是上網，這正是我希望學生們必須改變的一種僵化習慣。

重視及善用圖書館資源，是改變這個僵化習慣，同時也能讓資料蒐集更加有品質、有效率的理想方式。但在許多時候，從研究主題、問題意識而來的相關資訊或背景知識之需求，無法自行在網路上、資料庫中，或圖書館裡得到滿意的獲取，此時，請教相關領域的學者專家，到相關政府或民間機構找專門的資料、到預定的研究現場發現可能的受訪者或報導人，或者隨機請教可能的研究對象等，都是蒐集必要資料的可行方式。

從這個角度來看，散落在臺灣各地的有用資料，或者可以幫上忙的人，其實是相當多的，這些人士以及他們可能在的地方，包括研究者自己就讀的學校或其他友校、大學、中央政府部門、地方政府部門、文史工作室、基金會、社團法人（協會）、農會或水利會等機構、各種檔案館或資料館、寺廟或教堂、法院、中央或地方民意機構、民意代表服務處、社會運動團體、志工團體、廠商或店家等，這些地方可稱之為「田野」（field），都有許多精采的人物閱歷、五花八門的知識，和令人嘆為觀止的故事及智慧，往往不是「文獻」所能涵蓋的。

這些資料的蒐集，高度需要運用到訪談方法，或者至少可以借助訪談的一些技巧；只要肯開口請教，態度和方法適宜，許多的「地方知識」（local knowledge）、「實作知識」（practical knowledge）或「隱微知識」（tacit knowledge），就能夠源源不絕地豐富我們的專題研究。

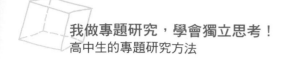
引用、過度引用和抄襲

從專題研究寫作的角度來看，資料（包含文獻）的引用，主要會出現在三個地方：

1. 緒論（或前言）

在精不在多，主要是引用一、兩筆具有權威性或省思性的文獻觀點，最好再搭配具有說服力的事實性資料（包含數據），讓讀者意識到研究焦點或研究問題的重要性、迫切性。

2. 文獻探討

這應該是引用密度最高的地方。引用的目的在於摘要及評論前人的研究，據以定位自己的研究焦點、研究問題，以及建構研究設計。

3. 研究發現與討論

此處泛指前面呈現的「專題研究與寫作歷程」圖解中虛線以下的部分，蒐集引用的資料範圍通常會比在「文獻探討」處大，資料類型也較多元。至於蒐集與引用的目的，一部分是用來豐富研究的發現，另一部分是要和自己的研究發現對話，並且運用這些豐富的資料來理解、詮釋發現的意義，進而依據這樣的意義來擴展、修正或推翻前人的研究。

 「過度引用」、「抄襲」，都必須全力避免！

　　為了讓蒐集來的資料在將來引用時，可以呈現明確的參考來源訊息，避免抄襲的爭議，在蒐集資料當下，一旦確定這筆資料「可能有用」，一定要隨手記下所有可以用到的基本資訊，譬如書名、文章標題、作者、編者、翻譯者、年代，期刊名稱、卷期、起訖頁碼、出版社及其出版地等。

　　千萬不要小看這樣的「舉手之勞」，包括我在內，儘管許多人都知道應該如何如何，但都曾經一個不小心漏抄了一筆重要資料的出處等資訊，結果後來必須在十萬火急的情況下出門，一方面考驗記憶，二方面賭運氣，三方面比耐力，在圖書館翻天覆地查找。最不幸的是，急需到手的那本書籍已經借出，這時就會知道，當初那個「舉手之勞」多麼必要！

　　對中學生而言，具體而完整地呈現參考資料的來源出處以避免「抄襲」之嫌，是一件很容易理解的事情，但要做得正確，就困難多了。

　　造成困難的原因之一在於，何謂正確而完整的格式。這樣的格式主要呈現的地方，是在整個專題研究成果最後面的「參考文獻」或「參考書目」。本書依據中學生的需求，針對參考資料必須註明出處的所有基本資訊，及其呈現方式，提供了一份參考格式在下文附錄，可自行參用。

　　其次的困難，則是特別針對在內文的行文寫作中的「引用」（quotation）。

　　在專題研究中「引用」資料或文獻，做為參證、註釋或評論之用，是一件非常必要的事情。基本上，只要具體而完整地呈現參考資料的來源出處，「抄襲」的問題就可以避免。但是，還有另一個問題是「過度引用」，這通常是指單一來源的資料引用過多，或者比例已經失當，雖有註明出處，但顯然已經不合理；在此情況下，「過度引用」和「抄襲」之間，可能已是一線之隔。

　　關於專題研究寫作中資料的合理「引用」，本身有一套明確的「引註」規則，在形式上，包括了「直接引用」或「間接引用」兩種。無論

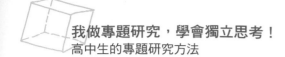

「直接引用」或「間接引用」，註明完整的出處都是最基本的學術倫理。一樣在本單元附錄，可以參考到「直接引用」和「間接引用」簡易可行的方式。

有不少學生曾經先後問了類似的問題：「如果已經改寫了原來的文字，還需不需要註明引用出處？」事實上，只要相關的概念或觀點是人家的，改寫文章內容並不能避免抄襲之嫌，比較謹慎的做法，還是必須註明出處。

此外，經常也有學生是讀了Ａ作者文章中所引用的Ｂ作者資料，覺得很合用，因此要加以引用；此時，應該註明的出處是Ａ或Ｂ的來源？根據誠信原則，當然應該是註明「轉引自Ａ作者文章出處」。因為，引用的學生根本未曾讀過Ｂ作者文章。

當然，針對這種情況，最好的方式應是直接去找出Ｂ作者文章來參考。如果有這樣確實的蒐集與閱讀過程，註明「Ｂ作者文章出處」就算是合理的。其實，在我過去的經驗中，就不只一次在直接查找原文出處（Ｂ作者）時，發現Ａ作者在引用上的錯誤，甚至是解讀上的錯誤。

在我過去指導學生做專題研究的經驗中，「過度引用」以及因為引註格式錯誤導致「抄襲」之虞的案例，曾經出現多次。至於有沒有「漏網之魚」呢？我相信是有的。沒被發現，是否該慶幸呢？千萬不要抱著這種僥倖之心！在未發表、未出版前自行發現，及時阻止、改正，才是值得慶幸；如果事隔多年才東窗事發，代價可能更大。

曾經有一位在中央研究院進行博士研究的學生，大好的學術前途指日可待，卻遭檢舉碩士學位論文涉嫌抄襲；經過調查屬實，碩士學位撤銷，如此一來，博士生的資格自然也不保。這一跌，代價多大呢？至於當年教授升等論文抄襲，現在已位居要職，結果東窗事發，瞬間摔落人生谷底，這都是「血淋淋」的案例。

還有一件離譜、卻很嚴重的案例，也可以做為前車之鑑。幾年前，有一位學生將未完成的文章放在「臉書」上，卻意外流傳出去，結果被某大

學教授的研究助理發現其內容使用了教授的著作，卻未註明出處；於是，循線找上了學校，然後找上了指導老師。經過調查之後，原來是學生尚未將參考資料出處的引註放上去，造成了爭議，並非是故意抄襲。當然，教授對於中學生所犯下的錯誤，是網開了一面。但這個糊塗案例，告訴我們兩件很寶貴的事情：

1. 不僅要隨手抄錄資料明確完整的出處，而且一旦引用了，一定也要隨手將引註放上去。
2. 尚未完成的文章不要放在網路上，尤其是像「臉書」這樣的地方。

　　傅斯年（1896~1950）有句名言，「上窮碧落下黃泉，動手動腳找東西。」這確實是在做專題研究時應該有的態度。但辛辛苦苦蒐集來的資料，目的是要進行參證、註釋或評論之用，一方面幫助我們建構自己的研究架構，二方面則是讓研究發現能更加豐富而有創見；透過合理的引用，這一切才能實現，而且也能讓自己的研究光榮地匯入相關主題的行列之中，為知識的發展貢獻一份心力。

　　只要這份心力是坦誠而認真的，不分鉅細、熟練或生疏，都一樣珍貴。

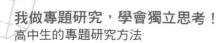

參考文獻與內文引註格式提要

說明:此一提要參考APA格式,但加以修改,較符合中學生使用。提要中呈現的格式未必適合文史哲等「人文學」領域研究寫作成果參考,建議自行調整。

一、參考書目格式

文獻來源	格式	範例
著作書籍	作者（年份）。**書名**。出版地：出版者。	1. 許嘉猷（1986）。**社會階層化與社會流動**。台北市：三民。 2. 行政院教育改革審議委員會（1995）。教育改革的未來。台北市：作者。
編纂書籍	編者（編）（年份）。**書名**。出版地：出版者。	楊國樞、瞿海源（編）（1988）。**變遷中的台灣社會：第一次社會變遷基本調查資料的分析（上冊）**。台北市：中央研究院民族學研究所。
翻譯書籍	譯者（譯）（中譯本出版年份）。**書名**（原作者）。出版地：出版者。（原著出版年）	林翠湄（譯）（1995）。**社會與人格發展**（原作者：D.R.Shaffer）。台北市：心理。（原著出版年：1984）
文集中的一個篇章	1. 作者（年份）。篇（章）名。載於**書名**（頁□－□）。出版地：出版者。 2. 作者（年份）。篇（章）名。載於編者（編），**書名**（頁□－□）。出版地：出版者。 3. 譯者（譯）（年份）。作者名。篇名。載於編者（編），**書名**（頁□－□）。出版地：出版者。	1. 王德威（2002）。海派作家，又見傳人──王安憶論。載於**跨世紀風華：當代小說20家**（頁35~53）。台北市：麥田。 2. 孫清山、黃毅志（1997）。台灣階級結構：流動表與網絡表的分析。載於張笠雲、呂玉瑕、王甫昌（編），**九〇年代的台灣社會**（頁57~101）。台北市：中央研究院社會學研究所。

文獻來源	格式	範例
		3. 丁庭宇、馬康莊（譯）（1986）。R. E. Barrett & M. K. Whyte 著。依賴理論與台灣：一個異例的分析。載於丁庭宇、馬康莊（編），**台灣社會變遷的經驗**（頁 55~86）。台北市：巨流。
學位論文	**1. 未出版論文：** 作者（年份）。**學位論文名稱**。□□大學□□研究所□士論文。 **2. 中華博碩士論文摘要：** 作者（年份）。學位論文名稱。□□大學□□研究所□士論文。**中華博碩士論文摘要**，編號。 **3. 全國博碩士論文摘要：** 作者（年份）。學位論文名稱。□□大學□□研究所□士論文。**全國博碩士論文資訊網**，編號。	1. 邱天助（1991）。**Bourdieu 文化再製理論之研究**。國立台灣師範大學教育研究所博士論文。 2. 楊美珍（1998）。國中生參與評鑑數學教師教學知能之可能性。國立彰化師範大學科學教育研究所碩士論文。**中華博碩士論文摘要**，98N5076。 3. 高新健（1991）。國小教師課程決定之研究。國立台灣師範大學教育研究所碩士論文。**全國博碩士論文資訊網**，79NTNU2331015。
期刊	作者（年份）。文章名稱。**期刊名稱**，卷數（期數），頁碼。	1. 王宏仁（1999）。一九五〇年代的台灣階級結構與流動初探。**台灣社會研究**，36，1~36。 2. 李衣雲（譯）（1998）。M. Cranston 著。法國的自由主義。**當代**，127，55~61。

文獻來源	格式	範例
報紙	**1.沒有作者之報紙文章：** 文章名稱（年，月日）。**報名**，版次。 **2.有作者之報紙文章：** 作者（年，月日）。文章名稱。**報名**，版次。 **3. 不連續頁數的報紙：** 作者（年，月日）文章名稱。**報名**，版次1，版次2……。	1. 中華譯音的急轉彎：專業議題又演成政治問題（2000，10月9日）。**聯合報**，2版。 2. 司馬榕（1996，9月30日）。猶太的「師説」和吾人的「師説」。**中國時報**，39版。 3. 走過傷心地：921週年系列（2000，9月11日）。**聯合報**，4版，5版。
網路	**1. 期刊文章：** 作者（年份）。文章名稱。**期刊名稱**，卷數（期數），頁碼。網址 **2. 僅在網路上發布的電子期刊與電子報：** 作者（年份，月日）。文章名稱。**電子期刊名或電子報名**，期數（卷數）。網址 **3. 獨立網頁之文章或書籍：** （1）作者（年份）。**文章名稱**（或書籍名稱）。檢網址 （2）**文章名稱**（或書籍名稱）（年份）。網址	1. 歐用生（1999）。從「課程統整」的概念評九年一貫課程。**教育研究資訊**，7（1），22~32。http://192.192.169.230/edu_paper/data_image/g0000213/7n2/19990400/P0000128.PDF 2. 張文昌（2002年，6月30日）。重學歷輕專業的教育危機。**生命教育電子報**，46。http://210.60.194.100/life2000/database/910619_1.htm 3. 張明輝（2002）。**教育革新方案之推動——以英、美及我國為例**。http://web.ed.ntnu.edu.tw/～minfei/article（eduadmin)-12.htm

（續下頁）

文獻來源	格式	範例
	4. 日報的網路新聞： 作者（年，月日）。文章名稱。**報名**。網址	4. **加入WTO新紀元──契機與影響**（2001）。http://www.trade.gov.tw/global_org/WTO/intrant/WTO_90.htm
	5. 單位或團體作者資料： 單位（年份）。**資料名稱**。網址	5. 周卓輝（2003，8月4日）。教改改壞了再改嘛。**聯合報**。http://udn.com/NEWS/OPINION/X1/1484511.shtml
	6. 線上討論區或群組： 作者（年份，月日）。**文章名稱**【第幾則訊息】。網址	6. 教育部（2002）。**教育部九十一學年度推動教育優先區計畫**。http://www.eje.ntnu.edu.tw/ejedata/marsbaby/20011241142/901204%EF%BC%8D1.htm
	7. 電子布告欄（BBS）資料： 作者（年份，月日）。**文章名稱**【第幾則訊息】。發表於版面。網址	7. 陳盛賢（2003，11月10日）。**團體決策在團體發展中的運用時機**【第12則訊息】。http://minfei.rich2000.com.tw/board2/index.htm
		8. 陳鏗任（2000，11月13日）。**冷眼熱心看教育55──對師大角色改變的歷史解讀**【第78則訊息】。發表於Warm-Hearted版。telnet://bbs.ed.ntnu.edu.tw

文獻來源	格式	範例
會議發表報告	**1. 會議發表論文（未結集）：** 作者（年，月）。**論文名稱。**論文發表於主辦者主辦之「會議名稱」會議，會議舉行地點。 **2. 會議發表論文（未出版）：** 作者（年，月）。**論文名稱。**載於主辦者主辦之**「會議名稱」**會議論文集（頁□－□），會議舉行地點。	1. 黃春木（2005，11月）。**台灣中小學學區制發展的再評估──一個歷史的考察。**論文發表於國立台灣師範大學教育學系、台灣教育社會學學會主辦之「華人教育」國際學術研討會，台北市。 2. 溫明麗、歐陽教（1995，3月）。愛、自主性自律與道德。載於國立台灣師範大學教育系舉辦之**「教育改革：理論與實踐」**國際學術研討會論文集（頁1~39），台北市。
專門研究報告	1. 作者（年份）。**報告名稱。**委託／贊助單位研究計畫報告。出版地：執行單位。 2. 作者（年份）。**報告名稱**（編號）。出版地：執行單位。	1. 行政院教育改革審議委員會（1996）。**教育改革總諮議報告書。**台北市：作者。 2. 黃政傑、李隆盛、林新發、張煌熙（1993）。**大台北都會區教育體系調整之整體規劃。**教育部委託專案報告。台北市：國立台灣師範大學教育研究中心。 3. 周愚文、張鍠焜、黃春木（2005）。**教育類國家檔案審選事項委外編訂案期末報告。**檔案管理局委託計畫（案號：940204-2）。台北市：檔案管理局。

（續下頁）

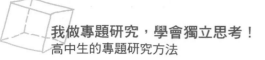

文獻來源	格式	範例
光碟資料庫	1. 作者（年份）。文章名稱【光碟】。〔查詢日期〕，**來源（期刊、檢索系統、公司行號等）：光碟資料庫。** 2. 作者（年份）。文章名稱【光碟】。〔查詢日期〕，**光碟資料庫名稱**。出版地：出版者。	1. 石素娟（1991）。銀行業服務品質分析及量化之研究（摘要）【光碟】。私立靜宜大學管理研究所碩士論文。**漢珍全文檢索系統：中國企業文獻摘要光碟資料庫。** 2. 教育改革審議委員會秘書處（1997）。第二期諮議報告書【光碟】。**教育改革審核議會委員會檔案文獻資料光碟版**。台北市：行政院教育改革審議委員會。
視聽媒體資料	**1. 影片：** 製作人（製作），導演（導演）（年份）。**影片名稱**【影片】。取自發行者，地址。 **2. 電視節目：** 節目製作人（製作）（年，月日）。**節目名稱**【電視節目】。電視台地點：電視台名稱。 **3. 音樂唱片、有聲書：** 作者或製作人（製作）（年份）。歌曲名稱。**專輯名稱**【CD唱片】。出版地：出版商。	1. 教育資料館（編製）（1994）。**教育資料教育研究**【影片】。取自國立教育資料館，臺北市中正區100南海路43號。 2. 丁曉菁（製作）（2001年，8月31日）。**解放青少年——全人教育紀錄**【電視節目】。台北市：公共電視公司。 3. 莫札特豎笛協奏曲作品622（1974）。**CD文庫**【CD唱片】。台北市：寶麗金。 4. 游乾桂（講者）（2002）。**培養成功的孩子**【有聲書】。台北市：八方文化。
法令文件	〈法令名稱〉（公布日期）。	〈師資培育法〉（2000年12月8日）。
未出版著作	作者（年份）。**文章名稱／書名**。未出版。	黃文宏（1998）。**形上學與存有問題**。未出版。

二、內文引註格式

文獻來源	格式	範例
一般引用（間接引用）	1. 作者（年份）；（作者，年份） 2. 〈篇名〉（年份）；（〈篇名〉，年份）；《書名》（年份）；（《書名》，年份） 3. （譯者譯，譯本出版年份） 4. 二手資料：原作者（引自直接引註者，年份） 5. 兩筆或以上：（作者A，年份；作者B，年份；……） ＊各作者先後次序，依姓氏筆劃或西文字母排序；先中文，後西文作者	1. 侯璠、陳光輝（1963）分析…… 2. 馬信行（1998）的《教育科學研究法》提到…… 3. ……（郭為藩、高強華，1992）。 4. 〈重建教改〉（2002）指出…… 5. ……（〈重建教改〉，2002：3-4）。 ＊引用特定概念、論點、圖、表、公式等，應加註頁碼） 6. ……（徐宗林譯，1971）。 7. 林本指出……（引自陳伯璋，1987）。 8. ……（林清江，1998；張春興，1996；Miller，1990）。
直接節錄	1. 約40字以內 作者（年份：頁碼）：「引文……」 「引文……」（作者，年份：頁碼）	1. 江宜樺（2001：61）提到：「現代社會之所以會產生復古和後現代的兩種相反現象，確實反映出啟蒙構想無法滿足各方人馬的要求。」 2. 他提到：「現代社會之所以會產生復古和後現代的兩種相反現象，確實反映出啟蒙構想無法滿足各方人馬的要求。」

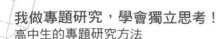

文獻來源	格式	範例
	2. 約40字以上 ＊引用文須獨立成一段落，左側內縮兩個字元，變換字體，上下各空一行。除非特殊原因，一般情況以不超過250字為宜。	（江宜樺，2001：61） 3. 基於以上的體認，所謂「升學主義」的界定，楊國樞、葉啟政（1984：360）認為： 　　當大家都拚命地為「升學」而升學，而不顧及自己或當事人的性向才能、人格特質、興趣動機、經濟能力，及將來畢業後對社會與個人所可能發揮的作用時，「升學主義」即相應而生。對一個升學主義者而言，固然升學是追求更多及更好的教育機會的合理手段，但是卻罔顧了個人是否適宜升學或應當就讀哪種學系（或學校）的考慮。在此情形下，升學並非是追求適宜教育的一種合理手段，而只是一種盲目的順從及為升學而升學的求同行為，結果乃使升學成為絕對的目的，人們便不再認真追究所以要升學的根本原因了。 如果再參照前文的探討，台灣的升學主義，不僅出在於……。

文獻來源	格式	範例
腳註	放置於每一頁的頁底 ＊Word 2013工具列：參考資料→插入註腳	＊腳註或尾註主要是供內文的補充說明之用，使用時機在於： 一、文字較多，放在內文比較累贅；二、與本文無直接關係，但可增進背景的理解，或提供相關資訊、知識。
尾註	放置於每一章的最末處。	＊不建議使用

三、圖、表引註格式

＊圖的編號、標題，置中，置於圖之下；表的編號、標題，偏左，置於表之上

文獻來源	格式	範例
書籍	作者（年份：頁碼）。	侯璠、陳光輝（1963：296）
個人或單位提供	個人攝影 個人或單位名稱提供	周志宇攝影 蔣松輝提供 李梅樹文教基金會提供
名信片、DM	作品名。作者（年份）。出版地：出版者。	GASPARD & LISA。Hachette Livre (2002)。JAPAN：GAKKEN TH。

（續下頁）

附註：

1. 以上格式之簡介、說明，主要參考：畢恆達（2005）。**教授為什麼沒告訴我──論文寫作的枕邊書**（台北市：學富文化）；潘慧玲編著（2004）。**教育論文格式**（台北市：雙葉書廊）。

2. 基於篇幅考量，本提要僅以中文著作說明，至於西文著作引註之格式、精神，基本上一如中文著作。

3. 依照〈著作權法〉第64條第2項規定：「前項明示出處，就著作人之姓名或名稱，除不具名著作或著作人不明者外，應以合理之方式為之。」依此條文之規定，使用他人著作時，若著作上並無標示作者為何人，或者作者究為何人難以查考時，應依法條精神，標示為「不具名著作」、「著作人不明」、「匿名」、「Anonymous」等。至於古籍傳統的標示，則為「不著撰人」。

4. 引用人依法雖有註明出處之義務，但只需做到合理查證即可，並無絕對無誤之查證義務。為確保日後發生著作權紛爭時，有可供回查之證明，應將引用資料的當頁頁面、該書之版權頁或參考的網站畫面列印留存。

5. DM、明信片，或其他引用資料的正面、背面，若有此一標記「©」，這即是著作權「copyright」的標示。例如「© Deutsches Historisches Museum, Berlin, 2005」，即表示著作權人為柏林的德意志歷史博物館，發行年份為2005年。

6. 〈著作權法〉所規定之保護期限：

著作權類型		保護期限
語文著作、電腦程式	自然人	終生享有，死後繼續保有50年。若死後40~50年間首次公開發表者，所享有之著作權，為自公開發表日起存續10年。
	法人	公開發表後50年。若創作完成後50年內未曾公開發表，著作權之存續至創作完成後50年。

著作權類型	保護期限
繪畫、影音著作表演	公開發表後50年。若創作完成後50年內未曾公開發表，著作權之存續至創作完成後50年。
別名或未具名著作	存續至著作公開發表後50年，但可證明其著作人死亡已逾50年者，其著作權消滅。
共同著作	存續至共同著作人最後一位死亡後50年。

上述著作權存續時間，以該期限屆滿當年之12月31日，為期限之終止日。

此外，值得一提的是，目前已逐漸推廣的「開放創用CC授權」資料。CC授權採「部分權利保留」，由著作人設計授權條件，將著作開放公眾使用，不限制人、時、地，對所有人有效的開放授權。一旦作品有創用CC授權標章，只要符合授權規範，即可使用，無須再聯絡作者或權利人申請許可。

創用CC以四個授權要素，組成六種授權條款，以下為各條款之使用條件簡述：

姓名標示

本授權條款允許使用者重製、散布、傳輸以及修改著作（包括商業性利用），惟使用時，必須按照著作人或授權人所指定的方式，表彰其姓名。

（續下頁）

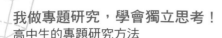

姓名標示-相同方式分享

本授權條款允許使用者對授權者的著作進行重製、散佈、傳輸及修改著作（包括商業與非商業性利用），惟使用時，必須按照授權者指定的方式表彰其姓名，並且產出之新創著作也必須採用相同的授權條款釋出。

姓名標示 - 禁止改作

本授權條款允許使用者重製、散布、傳輸著作（包括商業與非商業性利用），但不得修改該著作。使用時，必須按照授權者指定的方式表彰其姓名。

姓名標示-非商業性

本授權條款允許使用者重製、散布、傳輸以及修改著作，但不得為商業目的之使用。使用時，必須按照授權者指定的方式表彰其姓名。

姓名標示-非商業性-相同方式分享

本授權條款允許使用者重製、散布、傳輸以及修改著作，但不得為商業目的之使用。若使用者修改該著作時，必須按照授權者所指定的方式來

散布該衍生作品，並且將產出之新創著作採用相同的授權條款釋出。

姓名標示-非商業性-禁止改作

　　本授權條款為六個主要授權條款中限制最多者。僅允許使用者在下
載授權者的著作之後，依原狀態分享出去。使用者必須按照授權者指定的
方式表彰其姓名，但不得對著作進行任何方式的改變，或為商業目的之使
用。

心得筆記

【單元 15】

與古人為友、與名家為師

如何進行文獻探討

文獻的力量

「文獻」，通常指的是已經出版、發表，或者雖未出版但已經過整理建檔而公布的文件資料、前人研究成果等。至於「資料」，它的範圍當然大多了，除了文獻之外，也包括未曾出版、發表或公布問世的文件，甚至不少學者也將非文件的部分（例如影像、圖片、地圖、錄音、商標、器物、建築等）都含納進來。

就專題研究的進行而言，掌握與研究主題、焦點相關的文獻，應是一個基本工作；這個工作，一般我們稱之為「文獻探討」或「文獻回顧」（literature review）。從中文來看，「探討」或「回顧」帶給人家的認知是不一樣的，「探討」需要做的事情應該比「回顧」來得多，而且往往具有更多的主動權，意味著應該在「探討」中得發現什麼、歸納總結出什麼才行。

對於專題研究而言，「文獻」到底有什麼重要性，何以需要大費周章

來探討？或者，換個方式提問，我們使用「文獻」的意圖或目的為何？要回答這樣的問題，得分兩個層面來談。

首先，「文獻」通常代表著是與研究主題相關最重要、最正式的資料。換句話說，既然是「最重要、最正式的資料」，不去掌握，行嗎？萬一沒能掌握到這樣的資料，我們在進行研究時，就可能會面臨兩個不小的風險：

1. 多此一舉：前人早已經做出一樣或高度關聯的研究。

2. 重蹈覆轍：重複前人已經犯下的錯誤。

無論是哪一種風險，在這樣的情況下，我們都將難以「站在前人的肩膀上」，穩健地往前邁進。

其次，「探討」的價值在於，對自己的研究而言，我們得搞清楚這些文獻究竟是「如何地有用」，不能光是大喊「有用、很有用」，這樣的「有用」得加以整理、展現出來才行。換句話說，「探討」要完成的事情有二：

1. 展現經過閱讀、思考、揀選之後而保留下來的有用文獻有哪些，不能老是抱著「放在籃子裡的就是菜」心態，多多益善，難以割捨，好像很擔心人家不知道自己是多麼的用功、多麼的飽學。文獻，一定要經過「嚴選」，有用到的才留下來，不相干的就得割愛。

2. 展現，不能是「條列式」地將已經嚴選過、整理過的一筆筆文獻，從筆記中轉貼、照搬過來，而是必須以一種自己的分析和詮釋方式，展現這些文獻如何有用、對於自己接下來所要進行的研究提供了什麼樣的啟示或提醒，這樣的「啟示／提醒」要具體寫出來，以便為自己的研究定位。

文獻的力量是要由「探討」過程中才能發揮出來的。

文獻探討的要求

關於「文獻探討」，有幾個基本的觀念，或說是要求，應該注意：

★ **文獻皆有立場：**

每一筆文獻總代表著某種（些）觀點，產出者、傳遞者、選用者其實都各自在解讀，每個人皆可能對於文獻之「用」產生影響，並且可能造成文獻內涵或意義的變動。因此，我們要慎選、慎用文獻，隨時保持檢視及反省之心。

★ **一手文獻：**

是否為「一手」文獻，其實是由我們的「提問」決定的。因此，唯有先釐清了自己的提問（或問題意識），我們才可能查找到需要的一手文獻。

★ **證據：**

文獻探討的目的，主要就是從「線索」中找出「證據」。是否成為證據，當然還是跟自己的「提問」密切相關，一手文獻有可能只是線索，越能夠充分解答提問的文獻，就能夠成為效力越高的證據。

★ **外部解讀：**

文獻外部解讀的重點，主要是年代、地點、產出者背景、原本形式（版本，改編或翻譯，來自於專書、期刊、報刊或網路等）。

★ **內部解讀：**

文獻內部解讀的重點，主要是產出者信用、能力、動機、立場、主要觀點、隱藏的意圖等。最好還應該加上獨立來源的兩筆或兩筆以上文獻互校、三角檢證、重視反面證據、實物或科學

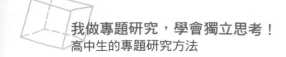

證據支持等。

★「客觀性」的反思：

　　不同文獻往往有不同立場，我們該尊重與接納各方意見，設法兩面俱呈？或者，不表示自己的立場？關於「客觀性」課題，探討起來比較複雜，在前文第十三單元隨附的〈何謂「客觀性」〉文中已有專門探討，可以參考。

　　歸納來看，唯有通過「嚴選、整理、分析、詮釋」四道程序，文獻實際上才可能從「資料」蛻變為「資訊」，或者「知識」；之後，我們就可以從這些文獻中獲得了寶貴的啟示或提醒，進而發展出一個「整合性看法」。

　　在這樣的啟示或提醒中，我們看到了前人已經做過的努力有何貢獻、有何疏漏、有何矛盾、有何偏差，因此我們「站在前人的肩膀上」，可以很清楚地說明自己的研究將能從中取得借鑒，進而修正、整合、決定了明確的研究焦點、研究方法及研究架構。

　　還有一個重點應該強調的是，在專題研究「文獻探討」這一個部分的寫作即將結束前，務必要有若干段落的「小結」，將以上這樣的啟示或提醒，以及更重要的，關於研究將如何進行的「決定」，簡要地交代出來。

文獻探討的書寫

　　「文獻探討」是以「嚴選、整理、分析、詮釋」四道程序來處理及確認每一筆有用的文獻，這一程序反映到書寫工作上，便需要運用到精準的摘要、批判性的評論，以及建構一個適切於自己研究的整合性觀點。

　　關於摘要、評論等工作如何能夠做好，在本書第十二單元，談寫作的

「基本功」時已經有所說明。

當一筆筆文獻經過摘要和評論的處理之後，接下來的工作是：如何安排呈現這些整理過後的文獻呢？

首先應該再重複強調一次，最大的忌諱，就是毫無脈絡的條列式呈現。

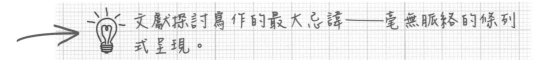
文獻探討寫作的最大忌諱——毫無脈絡的條列式呈現。

至於比較合理可行的方式，主要有三種選擇：

1. 從這些文獻中歸納出若干個可以貼合自己研究焦點的課題，依照這些課題加以分類呈現和討論，再扣回自己的研究焦點。

2. 依照相互競爭的觀點，將這些文獻區分不同的陣營呈現和討論，再扣回自己的研究焦點。

3. 依照理論或既有研究觀點演變發展的脈絡、歷程加以呈現和討論，再扣回自己的研究焦點。

哪一種方式比較適合，可以試試看，主要應該是依據自己的研究風格和研究設計而決定。在我指導學生的經驗中，以第一、二種方式最為普遍。

另外，還有一個經常讓許多學生產生混淆的書寫觀念問題：在「文獻探討」裡頭要擺進去的，到底是什麼文獻呢？

「我想要研究舊臺幣改革至新臺幣的原因和成效，文獻探討不就是要處理這個改革過程了嗎？那我後面的章節還要寫什麼呀？」

「如果我想要以麥當勞為例，探討跨國企業商品的在地化，我的文獻探討要先將經濟全球化的理論做出完整的分析嗎？」

「如果我想要探討南港瓶蓋工廠的文化資產價值，我的文獻探討要先

將南港瓶蓋工廠做出一個歷史變遷的說明，並分析其文化和商業價值之間
的爭議嗎？」

　　上述這些舉例所反映出來的疑問，是許多指導老師經常遇到的問題。

　　要釐清這些問題，最簡單的方式是先看自己的研究是屬於理論性研究
或歷史研究，還是屬於經驗性研究。

　　如果是理論性研究或歷史研究，文獻探討所要探討的「文獻」，應該
只需要優先集中處理前人已經在相關的主題上做過什麼研究，而不是把研
究所要聚焦探討的理論本身，或那個歷史課題敘述一遍。譬如，研究「舊
臺幣改革」，文獻探討要做的是找出前人的相關研究，看看在上述這個研
究主題上，前人研究有何貢獻、缺失或不足之處；至於與舊臺幣改革過程
和成效分析等相關的歷史文獻、一手資料或二手資料，則會在進入正文實
質探討時才真正派上用場。

　　至於探討「跨國企業商品的在地化」，文獻探討確實是需要處理「經
濟全球化」的理論，但卻不必將「經濟全球化」相關理論鉅細靡遺地詳
盡介紹（這應該是經濟學教科書要做的工作），而應該聚焦於「全球在地
化」的理論性探討，同時也要將前人有關「跨國企業商品在地化」的相關
研究成果進行探討。

　　有關「南港瓶蓋工廠文化資產價值」的研究，得要看研究取向是否
為經驗性研究。如果是的話，顯然實地研究，特別是參與觀察相關會議或
集會遊行、訪談不同陣營相關人士的折衝性觀點等，都十分重要。因此在
「文獻探討」部分，確實應該先將南港瓶蓋工廠的歷史變遷、當代定位的
爭議做出交代，以便界定研究問題的焦點；其次，前人在歷史建築保存議
題或相關個案（不限南港瓶蓋工廠）的既有研究成果，是另一個必須探討
的重要課題，目的是要從中獲取整合性、批判性的觀點，進一步轉化成為
自己在進入研究現場時的概念架構及探究方法。

　　再以其他例子，進一步說明。譬如：探討「訂閱經濟對於服裝產業的
影響」，在文獻探討方面，應先蒐集、參考的「前人研究成果」，至少包

括：

　　1. 訂閱經濟在若干種產業（不限服裝產業）方面運用的實況及問題。

　　2. 網路商店和實體商店的營運模式比較。

　　3. 服裝產業的特性。

　　經過以上的文獻探討之後，應該才能找出該從哪幾個焦點下手，界定想要探討的影響，具體而言有哪幾個面向。

　　至於介紹「訂閱經濟」崛起與發展的歷史，無論如何都不能當成文獻探討的主要內容，頂多只能權充背景資訊而已。

　　又如探討「照顧機器人所可能引發的倫理議題」，在文獻探討方面，應先蒐集、參考的「前人研究成果」，至少包括：

　　1. 照顧機器人的科技基礎，以及發展出來能與人類互動的各種模式。

　　2. 已發生或可能發生的倫理議題，大致上涵蓋了哪些面向。

　　3. 「照顧」的種類，和涉及的權利、責任與義務。

　　經過以上的文獻探討之後，應該才能找出該從哪幾個焦點下手，界定想要探討的倫理議題，具體而言有哪幾個面向。

　　至於介紹「機器人」、「仿生科技」的發展，無論如何都不能當成文獻探討的主要內容，頂多只能權充背景資訊而已。

　　總之，文獻的蒐集與探討，是與研究焦點的收斂、凝聚息息相關的，兩者有緊密的互動。

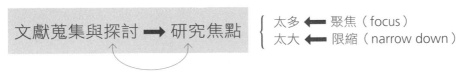

依據研究焦點，增刪文獻，並蒐集新的文獻，
以鞏固、調整研究焦點的合理性和可行性

「文獻蒐集與探討」與「研究焦點擬定」兩者有緊密的互動

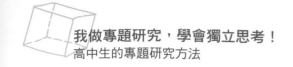

　　關於文獻探討的書寫，還有一個學生常發問的問題：到底要探討多少筆文獻，比較好？在全文中，「文獻探討」的合理篇幅應占多少？

　　前一個問題不好回答，很難有精確數字。我的建議通常是採取「實用論」，有用到的才算，用不到的就要割捨。

　　後一個問題比較可以推估。中學生的專題研究大約落在三、四千字，最多是一萬字上下，「文獻探討」的合理篇幅，建議不要超過全文的五分之一。如果「文獻探討」寫得太多，後面章節篇幅就得追加，以免頭重腳輕，但這可能會造成一場恐怖的字數競賽，導致篇幅失控，讓整個文章又臭又長，自己寫到後來索然無味，而讀者根本沒有足夠的耐心好好拜讀。

「文獻探討」在專題研究中的位置

　　如果從專題研究進行的歷程來看，「文獻探討」這一個工作，主要應該是出現在研究初期。下圖以虛線區分，「文獻探討」工作就是在初期，發揮確立研究問題、研究焦點、研究方法及研究設計的功能。

　　如果我們談的是在成果報告中，「文獻探討」的書寫應該擺在哪裡呢？

　　答案是：通常放在專題研究成果中的第二部分，緊接在緒論（或前言）之後。如果是經驗性研究，無論量化或質性取向，專題研究成果第三部分通常是要交代研究架構或研究設計，這時，「文獻探討」便要發揮「承先啟後」的作用，一方面推導出足以呼應緒論的研究焦點及研究問題，另一方面則是為研究架構或研究設計的內容先做鋪陳。

　　換言之，透過「文獻探討」的中介，我們得告訴讀者兩件事情：

　　1. 前頭的「研究焦點」或「研究問題」不是無的放矢的，它具有一個相關理論或學術觀點的脈絡，而且研究者已經從自己的經驗知識及核心

關懷中，找到和相關理論或學術觀點對話交流的方式，因此才確認了「研究焦點」及「研究問題」。

2. 後頭的「研究架構」或「研究設計」不是無中生有的，而是研究者經過文獻探討的過程，融入了自己的思辨及觀點，掌握了文獻當中的有用資訊、重要知識，學思並用，所以才能精心建構出這樣的「研究架構」或「研究設計」，知道該如何觀察現象、做實驗，或是如何透過問卷、訪談來問問題，並且是問出關鍵的問題。

即使不是採取經驗性研究，「文獻探討」一樣是會發揮「承先啟後」的作用，為後續的理論、議題討論，先行確立自己的研究是在一個什麼樣的脈絡、傳承或定位中展開，希望從中完成什麼樣的工作，以便能夠修改或補充原有（理論）觀點，或者發現新（理論）觀點。

做文獻探討的潛在風險

前面的討論好像都在宣傳、強調「文獻探討」很重要，不做文獻探討將會面臨不小的風險。然而，做了文獻探討，其實一樣存在著風險；具體而言，即是「貪多務得」、「先入為主」兩大問題。

「貪多務得」，指的就是鉅細靡遺，根本沒去分辨是否真的相關，是否有助於研究的進行和針對研究發現的討論。在「貪多務得」之下，研究者勢必會面臨的困境為「莫衷一是」，讓自己陷溺於文獻當中，不知何去何從，甚至已經「忘了我是誰」，在自己的研究中失去了自己的觀點和聲音。

「先入為主」，指的是雖然知道揀選文獻，但卻是信服文獻的權威，以致於蒙蔽了雙眼，被前人的觀點牽著鼻子走，無法跳脫；更進一步的困境則是「削足適履」，強加前人的觀點或理論在自己的研究上，自己的經驗、想法或發現若不符合，便加以捨棄，以便服膺前人觀點或理論，結果

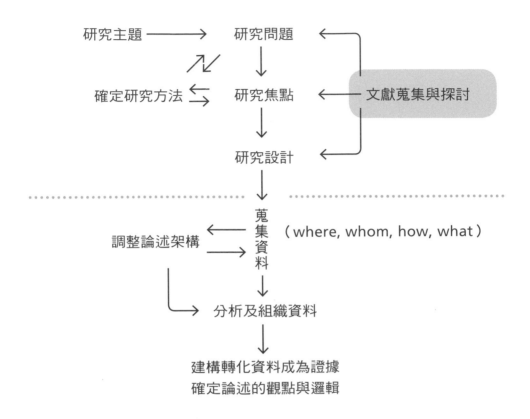

研究主題 ⟶ 研究問題

確定研究方法 ⇄ 研究焦點 ← 文獻蒐集與探討

研究設計

蒐集資料 （where, whom, how, what）

調整論述架構 → 蒐集資料

分析及組織資料

建構轉化資料成為證據
確定論述的觀點與邏輯

「文獻探討」在專題研究與寫作歷程中的關係位置

一樣是在自己的研究中失去了自己的觀點和聲音。

上述兩大潛在風險，不管哪一種，下場都會是迷失了自己，變成不是你在用文獻，而是文獻在用你。這是做文獻探討最大的敗筆。

要迴避這些潛在風險，我們進行文獻探討的時候，最優先的事情，應該就是和自己的研究焦點、問題意識不斷不斷地交互參照；同時，需要一

直謹記在心的是，看過的文獻一定會比最後直接用上的多，這是我們都應該要接受的事實。

按照一個簡單的分類，我們在研究中曾經讀過的文獻，很可能提供許多自己先前不知道的「相關的」、「不同的」，甚至是「相反的」資訊。「相關的」資訊既可以充實研究的觀點，又能擴大相對應內容的廣度與深度；「不同的」、「相反的」資訊更是珍貴，可以修正、豐富、整合我們原有的觀察與思考角度，避免閉門造車，讓自己的研究基礎更加穩固周延。

但這些「相關」、「不同」、「相反」觀點的文獻必須直接有用上，能夠和自己的研究焦點、問題意識整合，才可以留下來，以免造成累贅，甚至混淆、抵消重要文獻所應發揮的效果。

至於最後沒有直接用上、或原來就是「不相干」的文獻，絕對不會是白讀了，而是極有可能已經匯入我們對於相關主題的認知中，形成更為寬廣的理解，轉化成一種豐厚的背景知識。有誰會知道呢？那曾經苦讀過而沉澱、醞釀的知識，在往後的某個時間，將以某種讓自己訝異但又似乎理所當然的方式襲上心頭、躍上紙面。

文獻很重要，文獻會讓我們看到東西，但同時它也可能遮蔽或遺漏了更多的東西。因此，隨時保持開放的心胸、自由的想像，是相當根本而重要的事情。

每當有學生在文獻探討過程中，看這個很欣賞，看那個也喜歡，最後卻不知道自己該要研究什麼時，我都會讓他們靜下心來，深度觸碰自己的心靈、傾聽內在的聲音，那個「初衷」是什麼？只有回到心魂相繫的初衷，回到準備和這個世界對話的原音，「研究」對自己才有意義。

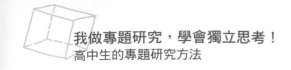
文獻是朋友、老師，也是對手

我們能夠做文獻探討，其實是一件很幸福的事情，因為從過程中我們將會發現自己是不孤獨的，甚至可以與古人為友、以名家為師；但同時間，我們又能夠避免他們犯下的錯誤，突破他們的偏限。我們的優勢，就在於已經了解他們的作品，有機會從「後見之明」中「別開生面」，甚至於因此蛻變出「先見之明」。

文獻，也是對手，因為文獻已經展現了前人既有的成果，如同高山橫亙在前，「好膽」就來挑戰，不能攀越，就不要輕易嘗試，想攀越，就得好好準備，拿出真本事來。

 只有回到心魂相繫的初衷，回到準備和這個世界對話的原音，「研究」對自己才有意義。

【單元 16】

按部就班或任其自然？

研究方法的建立

研究方法不只是一個名詞或一套技術

　　如果瀏覽中學生的專題研究，「研究方法」經常出現在一開始的緒論（或前言），有的甚至只是短短一行字，列出幾個名詞，「研究方法」這件事情就算交代過去了。讀者完全不知道這個研究方法在整個專題研究中，將扮演什麼吃重的角色？如何進行？以及，運用這個研究方法何以是回答研究問題最適當的方法？

　　甚至於，讀者也不清楚，研究者決定採用這個研究方法，到底是基於何種考量？

　　上述幾個問題，大多數學生未曾仔細思考、判斷；他們對於各個研究方法的基本內涵和特性，甚至沒有認真了解，只是望文生義，非常直白地就用上了。

　　「專題研究與寫作歷程」這個圖解再次出現，大家可以注意框示的部

分；「確定研究方法」是在文獻蒐集與探討中，和研究問題、研究焦點的發展確認過程，一併進行的，彼此相互關連與影響。

如果從專題研究思辨發展的邏輯來衡量，「研究方法」的確定應該會出現在研究焦點差不多明確之時，此時，文獻蒐集與探討已經大致完成，而研究設計或整個研究架構的輪廓已經初步形成，「研究方法」的確定將有助於這個輪廓可以進一步明確下來。

簡單地說，「研究方法」也絕不只是一套技術，或其操作流程而已。「研究方法」不僅需要明確回應研究問題及研究焦點，而且決定了資料如

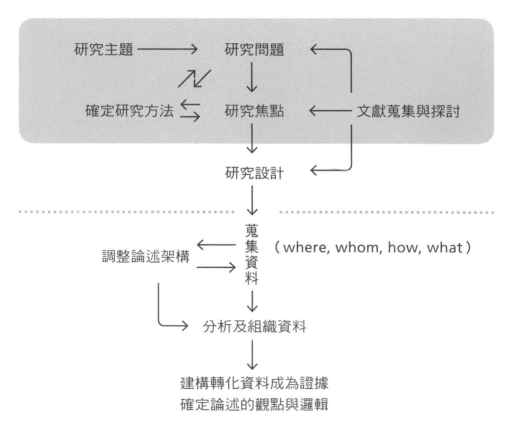

「研究方法」在專題研究與寫作歷程中的關係位置

何蒐集、需要何種類型的資料，以及資料將如何分析和解釋。

　　為了強調「研究方法」的重要性，以下再以一個圖進行說明。

文獻探討	→ 研究方法 　　研究設計　→ 正式研究
1. 前人已經知道了什麼？ 2. 可能有什麼還不清楚的？ 3. 想針對哪個部分進行了解？ （追問、待答的問題）	常用研究方法，包括：觀察、實驗、調查、訪談、文獻分析等。 通用程序：資料蒐集→資料處理→分析解釋 1. 每一種研究方法都有獨特的資料蒐集方法。 2. 每一種研究方法所蒐集的資料型態、分析解釋的方式都不同。 3. 資料處理方式，可區分為量化、質性兩種。

「研究方法」是銜接「文獻探討」和「正式研究」之間的關鍵

　　應該要說明的是，同一個研究主題，可能會因為不同研究者的提問方式或研究焦點不同，而各自採用不同的研究方法。此外，也有一些學生會因為研究問題性質或目的之差異，準備使用不同的研究方法來回應處理不同層次／層面的研究問題，因此需要多重的研究方法。

　　然而，在專題研究中使用不只一種研究方法，這意味著這些研究方法之間的邏輯關係必須掌握得十分清楚，才能讓各自獲取的資料及觀點能夠相得益彰，而非互不相關，甚至彼此干擾。

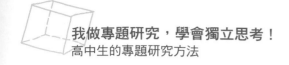

按部就班或任其自然？

不少中學生進行專題研究時，頗能展現青少年的特質，就是具有很明顯的現實關懷意識，總是想要針對生活周遭或校園事務，進行經驗性研究，發揮改變、改革的理想。

緊接著，他們會上網蒐集資料，有些人還會跑去圖書館找相關書籍閱讀；不久之後，就跑來跟指導老師說，他的研究沒有什麼文獻可以參考，所以準備做問卷調查，自己找答案。

他們會迅速做出這樣的研究方法選擇，是因為我告訴他們，「如果相關研究主題的文獻不足以回答研究問題，可能就需要透過其他研究方法，譬如調查或訪談等，設法補齊研究所需的資料。」學生們因此不是很沮喪，而是很高興，躍躍欲試，想要發出問卷，意圖從調查研究中成為此一研究主題的先驅！

至於為何偏好問卷調查呢？因為他們認為可以在較短時間內蒐集較大數量的樣本，比較有代表性，可以做出推論，可以據「數量」力爭，凸顯「多數」原則的民主政治精神，看起來可說是「事半功倍」。

但是，當我們仔細檢視這些研究主題時，譬如想要研究本校學生關於服儀規範問題的看法、在福利社購買早餐的選擇，或者想要研究某一商品的文創設計、住家附近某一古蹟的活化再利用等，這些主題怎麼可能沒有參考文獻？甚至於每一個研究主題都還有一堆理論可以運用呀！

學生為何說沒有文獻呢？原來是他們找不到「針對本校」、「針對該商品／古蹟」的現成文獻。但舉例來看，服儀問題涉及到規範、權力、師生關係、民主程序、制服的表徵等課題，文獻多得不得了，就要看研究者到底想要發問什麼問題。而購買早餐，顯然涉及消費者行為、決策等課題，這裡頭單單是相關理論就不少，而經驗性研究更是汗牛充棟。

學生很熱衷問卷調查，過去十幾年來沒什麼太大不同，但如果好好地

了解他們的「想像」，其實學生們多數時候想到的是「問卷」，而非「問卷調查」，甚至於連「問卷設計」也很模模糊糊。

「問卷」、「問卷設計」、「問卷調查」三者，是大不同的。「問卷」是工具、「問卷設計」是技術，而「問卷調查」才是研究方法。要選什麼「工具」，就得看你想解決什麼問題；許多時候既有的「工具」不甚合用，這時還得自己設計製作；而運用這種「工具」所做出來的成果，是否合用，顯然在選用或設計「工具」時，就要一併想清楚。

由於「問卷調查」需要事先一定得搞定的東西很多，因此我的態度向來是再三提醒（外加一點恐嚇），研究方法選擇做「問卷調查」，得要「攬鏡自問」三個問題：

1. 「時間管理」的能力夠不夠強？
2. 數學夠不夠好？願不願意花時間學習統計分析？
3. 若在十個月的研究期程內，能否先坐下來至少三個月，專心讀文獻和資料，特別是找到至少一個合適的理論或概念架構可以運用，做為問卷設計的參考架構，以及未來問卷結果分析和解釋的依據？

由於中學生做專題研究的期程通常都很有限，如果選擇進行問卷調查，就需要超強意志力和執行力，因為這是屬於「按部就班」的研究方法。在前面提到的「專題研究與寫作歷程」圖解中，虛線以上是擬定研究計畫階段，若以十個月期程來衡量，合理的時間分配大約五個月，這五個月要完成虛線之上的所有事情，接著要依序完成問卷設計、預試、抽樣、修訂問卷、正式調查，催收、分析整理調查結果、撰寫研究報告等，可說是「緊鑼密鼓」，一刻都拖延不得。而且，上述每一個步驟都涉及許多的操作技術，後頭又帶有許多量化研究的知識，以高中生而言，要確實跑完全部流程，非常難。十多年來，我所認識的學生中堅持使用問卷調查的人

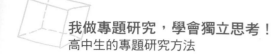

還真不少，但只有不到三位達成該有的標準，因此讓擔任論文評論的教授為之驚艷！

　　用我的話來說，一旦採行「問卷調查」這種研究方法，就注定走上「單行道」，換言之，猶如「不歸路」，中途錯了、累了，想回頭，當然可以，就是前功盡棄。

　　以中學生的條件來看，比較適合的研究型態應該是「任其自然」。即使享有十個月的專題研究期程，時間還是相當有限。這樣有限的時間與其耗在問卷調查各種技術和工具的學習中，不如集中心力在設法提問至少一個明確、有趣、有意義的問題，發展問題意識，然後透過文獻、訪談或觀察等途徑，將所有蒐集到的有用資料彙整分析，歸納合理的解釋，甚至嘗試回答因果關係。只要整個研究和寫作過程能盡力做到「有據、有論」，

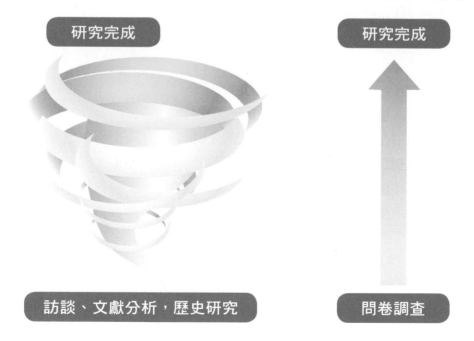

不同研究方法，研究的歷程、型態大不同

就是一份好作品；若能盡力達到「論據堅實、論證嚴密」的水準，自然就是一份優秀作品了。

運用文獻分析、訪談或觀察等研究方法，當然還是有其嚴謹的規矩，不過這些方法所涉及到的程序，一板一眼的步驟比較少，容許研究者可以前後推敲，留有回返修改及充實的空間，所以屬於「任其自然」的樣態。還有另一個特點是，這類研究的規模（譬如訪談人數、分析數量）調整彈性也比較大，所以較適合「為學習而研究與寫作」的中學生來練習和操作。

為了讓學生比較能夠理解，同時避免造成誤解，以為這是一個可以偷懶、擺爛的方法，通常我會將這種研究型態比喻成「龍捲風」，由下而上螺旋式的層層發展，越來越寬廣，而非原地來回踏步，裝裝樣子而已。

其實，使用什麼研究方法或採行何種研究型態，見仁見智，但關鍵永遠只有一個：如何提問一個有意義的問題，接著透過文獻回顧探討，確定研究焦點、研究範圍、研究對象，然後才來決定合適的研究方法，發展研究設計；這一路而來，從問題到研究設計，一定要有清晰的邏輯。

量化研究或質性研究

就中學生的主客觀條件而言，雖然問卷調查不一定是合適的研究方法，但其中涉及的「量化研究」取向，倒是應該要有所了解。原因很簡單，在閱讀文獻資料時，一定會接觸到量化資料，以及採行量化研究的文獻。

問卷調查之所以會歸類在量化研究取向中，是因為它牽涉了如何將理論概念轉變為可以操作、可以測量的變項。我們必須了解，這個世界存在的各種現象或訊息，原來並不是以數字形式產生、存在的，它們是經由人為加工的方式，才將訊息資料轉變為數字，而且，人們相信這樣的轉換是

合理的、有用的。在這樣的基礎上，人們就可以大規模地發展各種測量技術，獲取各種數字，然後透過這些數字進行統計分析，藉以解釋、預測和控制。

這一套程序和方法，就是「量化研究」的基本模式、法則。

古往今來早已有許多人相信及宣稱，「凡存在的就可以測量，凡可以測量的自然就能夠量化和計算」。當然，另有許多人並不服氣，他們經常會反駁，譬如：「快樂」如何測量？「生命」如何測量？「地球」如何測量？

千百年來，服膺「量化」者早已將測量、統計方法不斷推陳出新，測量地球一事，在法國大革命之後即已有重大突破，而測量一些情緒或其他抽象概念的方法及指標，二十世紀之後可謂方興未艾。例如，我們都聽過痛苦指數、幸福指數，以及由此而來的國際排名；至於生命的測量，只要做過健康檢查的人，就可以知道當代醫學是多麼地努力精細量化各種生命指數！

事實上，護理學之母南丁格爾（Florence Nightingale，1820~1910）就已曾經指明：「如果要了解上帝在想什麼，我們就必須學習統計，因為統計學就是在測量上帝的旨意。」南丁格爾秉持這種強烈認同，在近代公共衛生領域的發展中積極運用統計，為醫療體系帶來革命性的轉變，防止無知與獨斷所可能導致的災難。

統計的發展，更是近代以來的重大事件。「統計」一詞的英文是statistics，這意味著「統計」可是和「國家」（state）系出同源。當代的統計工作正是由國家所主導推動，積極嘗試測量、統計到每一個人、每一寸土地、每一份資源，以便進行解釋、預測及控制。

此外，也是因為近代以來數學和自然科學的高度成就，讓量化研究、實證研究成為顯學，連帶地讓人文及社會科學研究跟著追隨，成為一種顯赫的研究典範。

搭配近代歷史的研讀，中學生應該可以了解這一段關於變項、測量、

量尺化、計算、統計的歷史，也應該要了解目前「大數據」（big data）
的發展趨勢和意義。至於是否要選擇、採行量化研究，端看自己的研究興
趣而定。

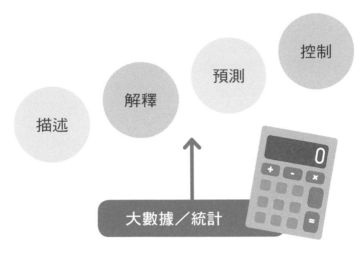

量化研究的目的

　　重視量化研究的人，自然會將量化資料視為數字形式的實徵性訊息；
相對地，重視質性研究的人，自然也會將質性資料視為非數字形式的實徵
性訊息。雙方自然也都認為，手中各自的資料足以反映或代表這個世界的
某部分真相。

　　對中學生而言，比較容易能夠理解何謂「量化資料」，但對於什麼是
「質性資料」，反而覺得「抽象」。這真是一個很有趣的現象。

　　「質性資料」在哪裡？其實俯拾皆是！最熟悉的東西，反而一開始會
突然覺得陌生。

　　對於質性研究者而言，平常的每一件事情都是可能的質性資料來源，
這些現象、器物、行動、觀點、評價等，在觀察、記錄、描述之後，就成
了質性資料。所以，質性資料存在於筆記、文件、錄影、錄音之中，形式
相當多元，而且幾乎無所不在，可以有組織地呈現，也可以十分隨意零散

地分布。通常都是在研究進行到比較後期時，這些形式、性質、來源不一的質性資料之「結構」才會在分析歸納中逐漸、逐漸地浮現出來，而不是如同量化研究一般，往往是在研究初期就會將一組概念或某個結構加諸資料之上。

相對於量化研究的「標準」或「客觀」的特性，質性研究者必須反思那個逐漸浮現出來的「結構」，有何充足的證據可以支持？「結構」如何能夠回答研究一開始的提問？可能的限制為何？研究者和這個「結構」之間有何牽連？研究者究竟是如何發現這個浮現的「結構」？

如此看來，質性研究似乎相當複雜，而且思考性很強。讓中學生來練習這種研究取向，會不會太艱難了？

量化研究的整齊劃一，是其特性，但不要忘了，如何在研究初期就能得知哪一組概念或某一結構可以套在實際上尚未到手的資料之上？這其實需要一個在先前已有長期累積經驗和能力的過程，能夠擁有此種研究背景，比較可以勝任。如果中學生希望利用專題研究的機會，開始進入這樣一個長期準備的過程，有這種認知和企圖，當然是相當值得讚許的志氣。

在這種情況下，學生可以先致力於運用量化研究來清晰「描述」一個人文社會或自然的現象，並且這樣的測量和描述是具有充足的理論概念支持，至於要不要從「描述」進一步去設定「解釋」、「預測」或「控制」的目標，則要看每個人自己的條件而定。

從我的觀察中，若在「成功」和「不成功」之間進行評價，學生們質性研究的成果通常會有程度不等的表現；但就量化研究而言，「成功」和「不成功」之間，結果似乎會趨向兩端。

以上的討論，看得出來我對於學生選擇問卷調查，或者量化研究取向，抱持著保留態度，但這不等於是在否定問卷調查或量化研究取向。相反的，就是因為學生對於「問卷調查」存在太多迷思，視為易如反掌之事，所以才需要導正觀念，澄清問卷調查及其量化研究取向的核心內涵。前面提到有極少數學生運用問卷調查方法完成相當成功的作品，實際上，

他們都是在高一時就立定志向要挑戰這種研究方法，及早準備，甚至一天到晚纏著數學老師，足足騷擾了兩年；然後，我們許多人才恍然大悟，原來數學老師要弄懂統計分析，也需要跟著一起認真學習！

　　研究方法的採行，不僅是一種技術的選擇而已。從深度來看，這涉及研究問題和焦點如何回答的考驗；從廣度來看，這牽連研究型態和取向的決定、研究設計如何安排和開展，以及研究發現如何獲取和分析解釋的規劃。可見，研究方法的地位是相當關鍵的。

　　在思考及選擇採用何種研究方法之前，事先衡量自己的人格特質、平日作息和時間管理的風格、手中可能的資源、外部條件的優勢和劣勢，以及最重要的──「自己如何看待專題研究」等，應該是相當必要的。想清楚之後再來做決定，才可能讓完成專題研究的可行性提升。

　　至於如何確保專題研究的合理性和品質呢？為了讓「從發問到研究設計」真正是一脈相承的，因此，在「選出足以貫串其中的某種（些）研究方法」和「是否回過頭來修改及釐清研究提問」之間，研究者必須反覆衡量。研究提問和研究方法之間，必須是適配的。

心得筆記

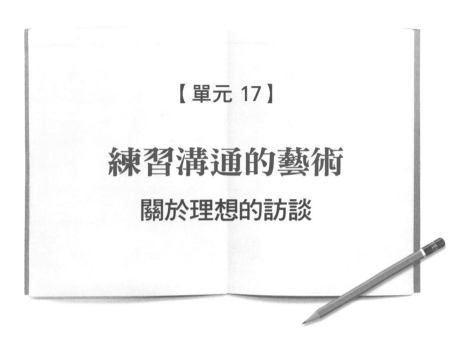

【單元 17】

練習溝通的藝術
關於理想的訪談

磨練研究功力的適切方法

中學生會選擇使用的研究方法，自然學科取向的學生大多採行「實驗」方法，數學科主要是透過「演算推理」，而人文社會學科學生使用的方法比較多元，主要會選擇「文獻／理論分析」、「調查」或「訪談」，其次則是「歷史研究」，另有少數人能達到「參與觀察」或「田野研究」所要求的程度。

中學生在數理學科的研究方法自有其比較固定的規範，他們多數要費心的，主要集中在研究設計上。人文社會學科學生則在研究初始，通常都會面臨研究方法的選擇問題。

經過多年的觀察和評估，如果走人文社會學科領域的學生決定要進行「經驗性研究」，與某個現場有較深入的連結和探究，通常我會建議優先考慮採用「訪談」，若真需要運用「問卷調查」，也會建議是否能以訪談為主、問卷為輔。基於學生在專題研究方面的能力、相關研究問題的背景

知識等都比較不足，加上平日學校課業及活動也已佔用不少時間，因此，比較需要嚴謹時間管控、按部就班、錯了非要重來不可的研究方法，譬如問卷調查，我是比較不建議採用。

這樣的建議無關哪種研究方法比較容易的問題，而是基於學生本身的條件、學校生活特性的現實考量，以及將專題研究視為「為學習而研究及寫作」的定位。

如果參考本書「資料蒐集與引用」、「研究方法」等單元，就可以清楚了解，採行「問卷調查」的研究歷程，猶如「單行道」，需要很嚴謹的時間紀律，此外，又會涉及問卷設計、統計分析及解釋的要求等，一步步都拖延不得。

採用「訪談」，當然不是意味著就可以隨意拖延。訪談的研究歷程圖像，比較像是「滾雪球」或「龍捲風」，有機會可以回返、修改、補充、再發展、再充實。換言之，周轉的彈性比較大。這對於欠缺研究經驗、不熟練研究歷程的學生而言，應該比較適切。

「訪談」是什麼

訪談，基本上需要透過口語（oral approach）才能進行。

首先，應該提醒的是，「訪談」和平常與家人、朋友的「談天」大不相同，我們得要注意其間差別：

1. 訪談者（interviewer）所面對的對象常常是陌生人，甚至雙方的生活背景、社經地位、人格特質都完全相對。

2. 訪談通常是訪談者主動發起的，也許對方原來根本沒什麼意願。

3. 訪談的目的主要是蒐集資料，訪談者與受訪者（interviewee）應保持適度的距離，尤其不宜讓自己變成法官、顧問，或當事人等。

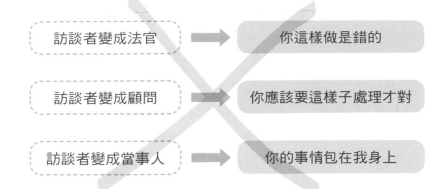

訪談者變成法官	➡	你這樣做是錯的
訪談者變成顧問	➡	你應該要這樣子處理才對
訪談者變成當事人	➡	你的事情包在我身上

訪談者的角色不能越位

　　若要成為一名理想的訪談者，有其人格特質的要求；「信任」、「親切」、「溫暖」三項，應該是必要的。當然，這樣的人格特質是可以培養的，最佳方式就是多去參與、觀察、體會不同的人事物，加上老師的引導、同學的分享等，自然而然就能夠變化氣質。就專題研究的學習而言，這也意味著：「不是有這樣的人格特質才去做訪談，而是從做訪談的歷練中培養所需要的人格特質」。

　　不過，話雖如此，「訪談」的進行畢竟屬於人與人的直接互動，學生在開始進行之前，當然需要有事先充分的練習與準備，才不會耽誤人家的時間，又造成困擾。

　　一個比較簡單的自我練習方式是觀察媒體記者的採訪，但不是那種拿著麥克風追問新聞事件當事人的方式，而是在特定節目中的人物專訪，以一對一形式為主。通常這些節目主持人都是資深記者，他們的口語風格、提問方式、追問的問題、與來賓的互動等，都有許多值得學習的地方。

　　訪談者有責任營造「信任」、「親切」、「溫暖」的氣氛，訪談不能搞得像在審訊人家，或者把自己變成機器人，面無表情；但難就難在，訪談

者對於受訪者，以及他所說的話，要表現出「理解而非迎合」、「關心但不介入」的態度，拿捏上需要很細心的。

有一些學生原先以為，「訪談不就是拿著問題綱要，再帶著紙和筆，就能開始進行了嗎？」這當然是太過輕率了！在沒有充分準備、又漠視老師叮嚀的情況下，不少學生第一次的訪談初體驗，往往很快就辭窮了。這很正常，但對受訪者而言，當然是相當失禮的。

就以往學生選擇「訪談」作為主要研究方法來看，其進行的型態大致上可以區分為三類：個案訪談、焦點團體訪談，以及田野訪談。「個案訪談」是針對極少數具有代表性的個人（例如學校社團社長、校長、同志、白色恐怖受難者、某種身分者的生命史等）進行訪談，以便回答特定的研究問題。「焦點團體訪談」是就研究問題，挑選一群符合特定條件的人組成團體，來進行訪談。而「田野訪談」則是指研究者到研究現場進行訪談，受訪者通常一部分是事先約定的，另一部分則是在「田野」發現的。

三種訪談型態各自具有一些不同的技巧或概念，但無論是哪一種型態的訪談，一旦開始進行準備，相關方法、程序的嚴謹性，都是必須特別注意的。

限於篇幅，也考量多數學生採行的型態偏向「田野訪談」，以下參考二〇〇七年，我在《檔案季刊》6卷1期所發表的〈中學校史研究—史料蒐集與檔案建立〉，加上其他相關的訪談經驗，區分基本注意事項，以及訪談前、進行中、後續處理三階段，分別加以說明。

基本注意事項

1. 蒐集與研究問題相關的資料

包括各種文獻、一手或二手資料等。

2. 熟練訪談方法

除了老師的指導之外，最好找一、兩位一樣是採用訪談方法的同學，相互幫忙，實際演練，並進行修正。

整個訪談過程，以讓受訪者感到舒適、自在為最高目標。訪談不是聊天，但應該盡量以「聊天」方式進行，訪談者掌握訪談的目的與重點，但不被訪談綱要所侷限，這是必須設法達到的狀態。

3. 準備必要器材

手機可充當錄音及照相器材，或者，建議使用錄音筆、數位相機。若要專業一些，排除背景噪音，可以考慮採用指向性麥克風，但預算得夠充裕。

4. 訪談者角色

純粹只是「提問者」與「聆聽者」。盡量設計饒富意義的開放性問題，不干擾受訪者的回答。

5. 訪談形式

訪談形式主要有三種，即受訪者自述、訪談者與受訪者一問一答、自述與問答並用。如果在正式訪談前，已就訪談計畫充分溝通，並且已有清晰的訪談綱要時，建議盡可能採第三種形式，先讓受訪者做與訪談主題相關的敘述，之後在適當的段落，再就其敘述內容進行「追問」，擴充問題的深廣程度。

此一形式最大的挑戰，在於決定該在何處「打斷」其敘述，這主要包括兩類：一是受訪人已經離題太久或太遠，而不自知時；二是臨場判定何時或何事是重要關鍵，可以暫停在此，進行深入訪談。

6. 訪談時間

每次訪談最好限制在一小時到二小時內，訪談是很累人的工作，超過二小時，雙方的反應都會變得較遲緩。如確有必要延長，則應多安排幾次休息時間。

7. 地點選擇

訪談地點原則上全看受訪者的方便，但以安靜、沒有外部干擾為最優先考量。

8. 錄音

在訪談進行中，通常都需要錄音。錄音的目的，主要是確保後續在製作訪談抄本、研究分析時，可以隨時檢核，降低誤解或遺漏的風險，並提升研究的品質。當然，這也可以讓指導老師、專題研究評論者據以檢核研究是否確實進行。

如果，受訪者拒絕接受錄音時，應禮貌地陳述錄音的意義和功用，並保證錄音資料未經認可前絕不會公開。

萬一，受訪者堅決不接受錄音，是否該進行訪談呢？原則上，應該還是可以進行，但在過程中仍可看情況，再度提出錄音的請求。當然，在沒有錄音的情況下，現場的筆記就相當關鍵，訪談之後，更應該趕緊將訪談紀錄完成，盡快讓受訪者確認。

9. 錄音器材的位置

訪談開始前，應確認錄音器材已布置妥當。訪談者與受訪者座位最好呈九十度，避免面對面的尷尬；錄音器材置於兩人之間，三者成三角形，錄音器材距離發話者約一公尺之內，收音效果較佳。

此外，訪談進行中，應隨時確認錄音器材是正常運作的，以免訪談結束時才發現錄音失敗。

10. 訪談次數

同一受訪者盡量訪談一次以上，以建立信任關係，確認所有話題都已談盡，在雙方均認為可以結束訪談時結束。

11. 訪談人數

應該訪談多少人，才算足夠呢？這實在很難說個準，主要得看自己的研究問題多寡、訪談的型態為何、只使用訪談或運用多重方法、已經完成訪談的內容是否足以解答研究問題的程度而定。但至少可以確定的是，只訪談一個人、訪談過程草率，或只訪談單一立場的意見，這些都是不應該出現的情況。

如果真要給個參考人數的話，衡量中學生的各種條件，若單單使用訪談方法，至少三人或六人次以上，應該是需要的；但「個案訪談」則另行斟酌。

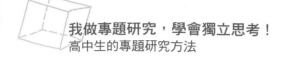

12. 受訪者匿名問題

如果是社會科學研究，一般慣例是讓受訪者匿名，但如果受訪者和研究主題息息相關，可輕易連結、辨識出來，要載明姓名也是可行的，但這都得跟受訪者具體討論，徵得同意。如果是口述歷史訪談，一般情形是不匿名的，因此，這得在訪談一開始前，就要把情況講清楚。

訪談前準備事項

1. 擬定訪談名單

計畫初始，應依據主題相關的背景資料，擬定可能人選，設法找出守門員（gatekeeper），主動建立共識，請其協助擬定訪談名單草案。訪談對象除了重要人士外，應注意藉藉無名，但對事件與人物有獨到觀察、清晰記憶的人士。通常只要訪談幾位受訪者之後，訪談者就會比較容易地發現其他可能的受訪者，不再需要守門員的幫忙。

「守門員」是可以幫助我們進入與訪談主題息息相關人際圈的重要人士，甚至守門員本人就是圈子裡的核心人物。守門員願意把你引領入門，訪談工作應該就會事半功倍了。不過，不應該完全倚賴守門員來找受訪者，避免立場過於單一。

2. 接洽訪談

訪談對象預定後，最好先透過間接管道（如拜託他人傳話，或以email聯絡），作初步而有限度的請求，並且應言簡意賅地說明訪談問題

與專題研究的意義。

　　初次接觸受訪者最好先用電話聯繫，要確認對方完全清楚你的姓名、電話號碼（或地址）、訪談目標、安排的訪談時間等。此外，應以「尊重、慎重」的態度，導入「著作權授權」的說明與請求。一般而言，受訪者都能夠欣然接受他將要簽一份「法律文件」的事實。至於何時簽署授權書，可視個案而定；最晚時機，應隨抄本初稿一併寄發。

　　電話聯繫獲得同意之後，隨即寄出信件確認。

　　鑒於不同的需求，過去有一些學生在「授權書」之外，很細心地準備了另外兩種功能接近、但形式有別的文件，以下於250~253頁一併呈現，做為參考。

3. 正式訪談前夕

　　最好再與受訪者電話聯繫，確認訪談地點的詳細地址、如何走法、到達所需時間等。當天應提早出發，絕不可以遲到，注意服裝儀容的整潔。

　　可預先錄製開場白，包括受訪者姓名、時間、地點、第幾次訪談等。

4. 行囊中的物品

　　必備物品：手機、錄音設備、電源線、電池、照相機、訪談綱要、水、面紙、現金及零錢、地圖（或GPS）、筆記紙、資料夾、藍黑紅三色筆。

　　建議物品：空白授權書、名片、悠遊卡、雨傘、牙線、口香糖。

受訪者訪談授權書示例

「○○○○○○○○」（研究題目）
訪談授權書

　　本人＿＿＿＿＿＿同意將口述內容之著作權，授與目前擁有該項訪談紀錄，包括錄音（影）帶（或光碟）、照片及抄本等之臺北市立建國高級中學學生○○○、○○○，以利其參與「第○○屆臺灣學校網界博覽會」參賽網頁之製作與相關用途之使用。內容主要包括：＿＿＿＿＿＿＿＿＿。

　　本人謹此授與以下各項權利：
　　一、所有本人因上述作品所享有的或被認為可能享有的合法名分與語
　　　　文智慧財產權。
　　二、所有本人因上述作品所享有的或被認為可能享有的著作權名分和
　　　　利益，尤其獨享複製權、發行權、籌劃衍生產品、公共表演與展
　　　　示權。

　　本人謹此保證，不曾對上述訪談紀錄之權利，有過轉讓、設定負擔，或其他損害行為。
　　臺北市立建國高級中學學生○○○、○○○相應也須同意以下條件：
　　相關錄音（影）帶（或光碟）、照片及抄本等之著作權使用，僅限「第○○屆臺灣學校網界博覽會」參賽之需。

　　本人＿＿＿＿＿＿（代表）謹接受＿＿＿＿＿＿之訪談內容紀錄、錄音（影）帶（或光碟）、照片等，以便「第○○屆臺灣學校網界博覽會」參賽之用。

　　　　　　　授 權 人：　　　　　　　（簽章）
　　　　　　　地　　址：
　　　　　　　受 贈 人：　　　　　　　（代表）（簽章）
　　　　　　　學校地址：臺北市中正區（10066）南海路五十六號
　　　　　　　日　　期：　　　年　　　月　　　日

研究參與者知情同意書示例（一）

「○○○○○○○○」（研究題目）
研究參與者知情同意書

　　歡迎您參與本研究！這份同意書將為您詳述訪談相關資訊及您的權利。在訪談開始進行，或者您簽署本同意書之前，研究者會為您說明研究內容，並回答您的疑問與指教。

　　本研究旨在瞭解和分析……。在訪談時，研究者會提出問題，請您根據問題，分享您對○○○○之認知及相關經驗。

　　為避免誤解或遺漏您的寶貴想法，訪談過程將全程使用錄音設備，若訪談內容涉及個人隱私或不便透露之處，您有權拒絕回答或要求暫停錄音。

　　本研究會把蒐集到的訪談資料以文字稿方式撰寫，若有涉及您的個人隱私，將會特別處理，以為保密。本研究成果僅會用於學術用途。

　　在研究過程中，假如您對本研究與您的權利有任何疑問，有權要求研究者作更詳細的說明。您擁有自由決定參加本研究之權利，並可隨時撤回同意或退出研究，將不會影響您的任何權益。

研究者：○○○○○○學校　○年○班
　　　　學生○○○ 敬上
（手機：09××-××××××）

研究者	**研究參與者**
研究者已詳細解釋有關本研究計畫中上述研究方法之性質與目的，以及可能產生之風險及利益。	本人已詳細瞭解上述研究方法及其可能的風險與利益，有關本研究之疑問，已獲得詳細說明和解釋。本人同意成為本研究之自願研究參與者。
研究者簽名：	研究參與者簽名：
日期：　　年　　月　　日	日期：　　年　　月　　日

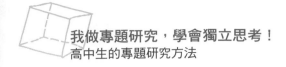

研究參與者知情同意書示例（二）

「○○○○○○○○」（研究題目）
研究參與者同意書

研究題目：○○○○○○○○○○○○

研　究　者：○○○（指導老師）、○○○（學生）

研究描述：

　　您好，誠摯邀請您參與此一○○○○○○○○的研究。此研究主要關注的焦點在於○○○○○○○○○○。

　　具體的研究問題，包括：

1.

2.

3.

　　本研究希望透過實徵研究回答以上三個問題，主要目的在於○○○○○○○○。

　　本研究對象為年齡在 16 至 18 歲的高中生，研究地點在○○○○。研究訪談過程將會錄音，錄音檔案將會作為進一步分析之用，只有研究者聆聽，而且訪談逐字稿也只有訪談對象才有權力閱讀審查。錄音檔案將在研究完成後三年，由研究者親自銷毀。

研究參與：

　　若您決定參與本研究，研究者將會與您一起進行數次訪談，每次訪談約一至兩小時，每週約一至兩次，訪談將在您與研究者雙方都認為可以結束時結束。訪談過程中，若您不願意繼續參與訪談，隨時都可以退出，並不會影響您任何的權益。

參與風險：

　　研究者有責任盡力將研究風險極小化，盡到匿名與保密的義務。儘管如此，由於訪談過程還是不免會提及您的學校生活、交友狀況、個人價值觀等，有可能在您說明、闡述過程中涉及一些隱私或情感議題。

　　不過，研究者將努力讓相關的影響降到最低。您也可以隨時提醒和指

教。

參與本研究的收種：

　　參與本研究，並沒有任何物質性的利益。不過，就您而言，這將會是一次自我探索的絕佳機會。您的自我理解，以及透過訪談對話過程而進一步發展的理性思維、感性認知，將很有可能是您最大的收穫！

資料保密：

　　此一研究將會在完成之後發表，您的姓名將會匿名處理，且一切可能辨識出參與者的訊息都會加密處理，若有無法處理的訊息，則會刪除，不予採用，請您放心。

　　所有涉及您的資料、訊息和後續分析解釋，您都有權力進行檢核。

　　若您願意讓研究者匿名處理、引用您的訪談紀錄於學術發表上，敬請在此一研究同意書最後簽名處簽上您的姓名，做為確認。

聯絡研究者：

　　若您在參與研究過程中有任何疑問，您可以直接聯絡研究者。

　　姓名：

　　手機：

　　地址：

　　email：

　　若您對於受訪者權益產生任何疑慮，請聯絡研究者所屬學校○○○○○○，電話為○○○○○○，或email：○○@○○○○.edu.tw。

　　此研究同意書上的簽名，表示您已經同意參與本研究，也表示您已經做出相關詢問，了解研究的基本資訊，並且獲得滿意的答覆。

　　請您仔細閱讀此份文件，並且簽名。研究者隨後將會提供您一份文件副本，做為徵信。

☐ 我同意授權研究者匿名引用我的訪談紀錄於學術研究著作及發表。

研究受訪者：＿＿＿＿＿＿＿＿＿＿＿＿＿＿＿（正楷）

日　　　期：＿＿＿＿＿＿＿＿＿＿＿＿＿＿＿

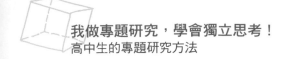

訪談時注意事項

1. 初次訪談的展開

　　第一次訪談的開始，訪談者可稍作自我介紹，可能因此找到彼此的關連、共同話題。當然，訪談者若能熟悉與主題相關的人名、日期、舊事，常能引起共鳴，使受訪者興趣盎然。當場面較熱絡後，這時應再禮貌性地徵詢受訪者，可否開始進入主題？可否開始錄音？

　　至於後續訪談，如果先前關係建立得很好，基本上就可以不必如此「拘謹」了。

2. 肢體語言

　　訪談者應讓自己的目光隨時與受訪者接觸，以微笑、點頭表示已抓住談話的要點，並鼓勵受訪者繼續說下去。同時也要注意受訪者的肢體語言，例如上身前傾、手指指指點點（可能情緒激動），交足叉手、斜靠椅背（可能有所防衛），目光迴避、閃爍（可能有所隱瞞），或者聲音的高、低、快、慢，語氣中夾帶嘲諷、感嘆等，都是重要的非語言訊息。

　　針對肢體語言，有時可適度要求受訪者解釋其中意味，或在訪談筆記中註記。

3. 訪談筆記

　　訪談時的筆記通常只記重點或關鍵詞、從對方談話中產生的疑問、準備後續追問的重點，以及自己在訪談中被激發出來的靈感等；此外，做筆記也是一種表達尊重的態度。

筆記的書寫，有助於迅速改善自己的工作效率及品質，並且豐富整個研究工作的內涵與意義。

4. 問題安排

訪談題目可考慮依「年代」安排，再穿插「專題」式的問題。以一般性問題開場暖身，著重於營造氣氛；第一個問題不宜過於突兀或太具爭議性，以後再逐步深入問些比較特殊、率直的題目。在進入核心、關鍵的問題時，最好先鋪陳一下背景，並點出自己為何「有此一問」的想法。

明確的特定性問題（specific question），與沒有底限的開放性問題（open-ended question）應混合使用，但以後者為主。開放性問題可讓受訪者在敘事和思考時，享有充分的自主權，並有足夠時間，把他們認為和主題相關的材料給加進來。有時，受訪者反而會自行塑造訪談的新方向。

原則上，問題的安排，應先設法讓受訪者把他們認為最具意義的事情說出來，其次才是逐步緊縮、窄化問題，釐清細節。

5. 問題設計

除了人（who）、事（what）、時（when）、地（where）外，注意蒐集如何（how）與為何（why）等開放性問題的資料，以取得更豐富的見解與內涵。

每次的詢問都是「單一」問題，並且訪談者有責任把問題釐清，避免使用以「為什麼」為開始的問句。

至於題型，以兩句式的效果較好，第一句陳述題目，第二句提出問題。如：「根據資料，您曾經參與策劃一九九三年的『還我土地』運動，這個運動對於『自然主權』觀念的發展產生何種影響呢？」

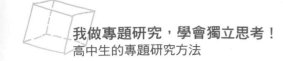
6. 舒緩壓迫感

發問問題時，可偶爾、適度地加入一、二句評語，通常以正向、建設性內容為宜，這有助於舒緩一下商榷、探究所帶來的壓力。

遇有尷尬或富爭議性的問題，可以轉引他人的話來提出，如：「據報紙說，您的主張是……，這樣的描述有沒有誤解？」，「據當時○○刊物記載，您當時會如此主張，是因為……，這樣說對嗎？」這樣的發問，可把對抗的焦點，轉移到資料與受訪者之間。

受訪者若在初次發問的回答時採防衛態度，則一段時間後仍應舊話重提，追問更多的細節。當然此類問題，應在雙方已有良好互動時提出較佳。

7. 專心聆聽

專心聆聽相當重要。受訪者回答問題時，應仔細聆聽及筆記要點，偶而可插上一、二句話作為回應，不必刻意逢迎，更絕不可以隨意插嘴爭辯。此外，重複發問受訪者業已回答的問題，基本上是很失禮的。

受訪者回答問題後，應簡單明瞭地將其意見或評論複述一遍，這往往可以激發受訪者的再回應，促使其自發地投入討論之中。

8. 回應的原則

「盡力把『生』的訪談到『熟』，把『熟』的當成『生』的訪談」，是基本要務。

前面一句話，指的是透過訪談了解原先並不清楚的事情。後面一句話，應該是更重要的提醒，指的是不可讓自己看起來像「萬事通」，受訪

者會因此自動省略許多細節，結果可能反而遺漏重要線索。最好是將自己
當成學生，多問「我不太懂，您能為我解釋嗎？」、「我常常想，怎麼會
這樣子呢？」

應持續專注地評估受訪者的反應，順應情勢改變訪談的步調，藉以激
勵出較具啟示性的回應。關於受訪者對於訪談主題的綜合性論述，與對於
各重要部分的主觀評價，應伺機及時提出請其回答。

受訪者若喋喋不休，不斷重述老套故事，通常就先讓他講，再試著
問他較不熟悉的話題，或可引出似已忘懷的陳年舊事。當然必要時也可喊
停，然後指出其敘述中矛盾之處，請受訪者再想一想。

至於離題太遠時，可先暗示；若沒有效果，最好下定決心禮貌地
點明：「對不起，我們在這裡暫停一下好嗎？我不太清楚，剛剛您曾提
到……」，把話題趕緊拉回原來的「正軌」上。

在受訪者談話時，若要插話，只可引導（guide），不可指導
（leading）；亦即，可以提示人名、時間或其他較屬於客觀性的資料，俾
使其談話順利進行下去，絕不能暗示任何的個人好惡，或者刻意誘發其情
緒，甚至直接挑明、逕行論斷。此外，當受訪者的回答與其他記載有所抵
觸時，應鼓勵受訪者對關鍵題材解說原因。

受訪者的回答萬一聽不懂或太簡短，不必害怕，可用「關於此點，您
能否再詳細說明？」、「我很感興趣，希望您告訴我更詳細的資料。」來
追問清楚。

9. 釐清疑難

通常要等到受訪者將一主題道盡而停歇時，再回頭針對意料之外、特
定問題追問，提出相反的證據或論點，藉以澄清混亂、矛盾之處，或挖掘
更多相關的細節。

至於挑戰自己不以為然的觀念和意見，必須切記，真正的目的是要激

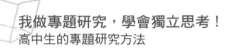

發更詳盡的解釋，而非與受訪者一爭高下。訪談應該是全方位取樣，包括無法欣然接受的資料。基本上與受訪者意見衝突的文獻或資料，可當作訪談抄本的附錄，以供未來研究的參考。

若明確知道受訪者說謊，則該資料之具有價值，就在於可當作一種工具，去分析故事／事件遭到扭曲的根源，以及評估在不利的感受映照下給理想化的自我。

10. 受訪者拒絕錄音

若在訪談過程中，受訪者表示拒絕錄音，通常情況是受訪者希望澄清疑慮，或交換討論的原則等，此時不妨暫停錄音，等受訪者安心、明瞭後，再徵得同意、重新開機。

11. 相關資料的蒐集

可利用事先在他處蒐集到的相片和物品，來協助受訪者回憶。反過來，許多老照片和舊文件，若沒有參與者的指認說明，勢將無法做出正確的解讀。

另可事先請求受訪者將相關文件、資料、相片或紀念物品等找出來，並在訪談時帶來，可以大大幫助訪談的進行。如果有必要的話，應向受訪者商借這些物件，以方便後續研究時參考，但應注意得小心保存，準時歸還。

12. 訪談的結束

「結束性話題」通常是請受訪者做回顧、下總結、比較今昔、眺望未來等，也可試問受訪者還有什麼可討論的事情。訪談結束關掉錄音器材

後，不要立刻拍拍屁股走人，應再花些時間和受訪者聊聊天，可再次強調此次訪談的重要性，肯定其貢獻，告訴他後續處理的時間，什麼時候可收到錄音抄本，什麼時候要簽署授權書等。

13. 送禮

　　從訪談者角度來看，「酬謝」確實是一個議題（issue），純從訪談工作習慣而言，是罕有致送受訪者禮物或酬勞的。一般而言，受訪者之會答應接受訪談，通常也不會在意有無酬謝。

　　為了讓大家對於「訪談時」的重點有所掌握，本單元附錄列出一份簡要的檢核表，建議在逐字稿完成之後，仔細地比對檢討。

訪談後續處理

　　1. 訪談結束後，應參考訪談筆記，立即撰寫札記（或工作日誌），記下時數、日期、受訪者、訪談過程等細節，而且內容應盡量涵蓋各種現象、事實、疑難，或相關的理論、意見、心得等。

　　2. 應「盡快」製作錄音備份，以免原檔案遺失或毀損。

　　3. 應「盡快」整理抄本，原則上應是接近逐字重製，不可任意重組、增刪文句。應特別留意語氣、特殊辭彙、簡稱、人名、地名、方言俗語等，保留口語的語調、流暢性及原意。

　　5. 錄音訪談中斷的地方，應在抄本上做一標示，如機器故障、訪談因故停頓等。

　　6. 為了日後查閱方便起見，每一抄本都應該編號（建議至少是兩碼），同時也要分析出與研究問題相關的重要概念或議題，分別設定不同的編碼（建議至少是兩碼）。接著，搭配編碼（議題碼＋抄本碼，至少是

2+2碼），可以將不同訪談抄本中同一種概念或課題下的每一筆資料合併整理，或依時間先後排列各個主題，以提升抄本內容的可讀性。

7. 抄本送交受訪者校閱，應與其溝通校閱修改原則，建議盡量不要「踵事增華」，也就是說受訪者自己將抄本大幅修改，甚至與原來在訪談時有不小的出入。

8. 請受訪者簽署授權書。

9. 在徵求認可與授權的信封袋內，應包括的物件為：訪談者已簽名的授權書、抄本、貼上足額郵資的回郵信封、向受訪者商借的資料等。

10. 依受訪者修改整理定本。（若與原抄本出入太大，原抄本應列為附錄，以供對照）

11. 致送受訪者正式抄本、授權書副本，並附上謝函。

透過上述訪談方法與程序的探討，可以發現這個工作絕非輕鬆，至於其理想的標準如何評判呢？簡要而言，應包括：

1. 訪談範圍是否周延，切合主題或重點？
2. 訪談問題（含追問）是否能蒐集到受訪者最切合研究問題的經驗或意見？以及，引出深富意義的回答？
3. 訪談風格展現多少才華？以及，對於研究問題多麼深入地掌握？
4. 有關受訪者提供的經驗或意見，是否曾經過交叉檢核，確認其正確性？
5. 有否製作抄本？各筆抄本的內容如何整合進專題研究中？引用是否正確？分析是否詳盡？

　　面對以上這些問題，訪談者應該一一據以反省，自我評鑑。基本上，在聽錄音、製作抄本之時，正是反省、審視的絕佳時刻。

訪談的試煉

　　訪談，其實是一個很嚴謹的過程。

　　首先，每一次的訪談都是獨一無二的一次；受訪者談話，訪談者臨場表現，以及訪談目的（訪談綱要）三者交織，深深影響著每一次訪談，訪談者永遠都要做出最好的準備與全心全力的投入。

　　其次，訪談方法允許研究者能在一段較充裕的時間內和受訪者進行多次的互動交流，然而，從剛開始的約訪直到逐字稿授權，時間掌握仍然都是關鍵，絕不能「一曝十寒」；更何況，從歷程來看，訪談本身還只是專題研究與寫作的前置作業而已，訪談完成之日，才是研究進入最核心階段的開始。

　　　　訪談完成時，才是研究進入最核心階段的開始。

　　至於錄音和授權，也都是訪談工作必須進行的，這裡頭牽涉許多必須遵守的的研究倫理規範，以及與受訪者之間的誠信課題，都不能馬虎草率。

　　應該指出的是，每一位受訪者的表達能力，無論良好（邏輯縝密、辯才無礙、精熟訪談技巧）或不佳（不流暢、思考跳躍、東拉西扯、避重就輕、察言觀色、工於心計、方言、鄉音），都是訪談者要面對的考驗。透過訪談，訓練自己能和絕大多數人完成溝通，獲得具有價值的資訊，這將是一輩子享用不盡的本事。

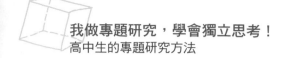

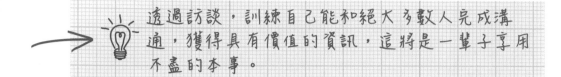

透過訪談，訓練自己能和絕大多數人完成溝通，獲得具有價值的資訊，這將是一輩子享用不盡的本事。

此外，訪談還有另一個重要的價值。透過與受訪者的交談，以及來自於受訪者生命歷練的分享，可以讓我們有一個全新的機會看到不一樣的世界，以及自己的不足或迷思。

其實，每一位受訪者都沒有義務接受我們的訪談。尤其針對中學生，他們能夠願意撥出時間和心力來，不厭其煩，分享所見所知所感，對於受訪者，我們應該永遠心存感激！

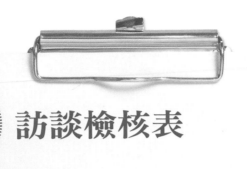

訪談檢核表

檢　核　重　點	是	否
確認訪談地點沒有持續性的噪音干擾	☐	☐
再次確認受訪者同意錄音	☐	☐
確認錄音器材可以正常運作	☐	☐
確認受訪者手中有已經事先提供的訪談大綱	☐	☐
與受訪者的座位安排接近90度角，使互動比較自然	☐	☐
細心聆聽	☐	☐
眼神自然而專注	☐	☐
訪談過程所使用的語言是親切自然的口語	☐	☐
訪談過程如同平時的交談對話	☐	☐
要記筆記	☐	☐
每一個訪談問題的提出，均能確認受訪者已經明白	☐	☐
避免提出只需要受訪者回答是否之類的封閉性問題	☐	☐
避免打斷受訪者的談話，除非已經離題太遠	☐	☐
對於受訪者的回答能夠適度追問，增進對於主題的理解	☐	☐
沒有聽懂受訪者所講的文句或想法，能及時發問、釐清	☐	☐
訪談結束後，誠摯表達自己的感謝	☐	☐
再次說明會將訪談錄音製作成抄本，並保證會請受訪者確認	☐	☐
訪談結束後，能夠再多聊天一會兒，才起身告辭	☐	☐

心得筆記

【單元 18】

《永不妥協》教會我們的事
向研究典範學習

一部觀看超過十五遍的影片

　　大約在二〇〇四年之後，由於專題研究指導的課程需要，我一直在尋找一部可以在課堂上「現身說法」的影片，能夠具體地讓學生觀看、思考、討論「研究方法」的好題材。

　　因為一直懸著這樣的念頭，尋尋覓覓，當時有好一陣子對於所見所聞的影像資料異常「敏感」，心靈自然而然發展出一套檢核機制，快速而仔細地檢視著、評估著。

　　已經忘了到底花了多少時間、費了多少心力，有一天觀賞《永不妥協》（Erin Brockovich）這部好萊塢電影，精彩的劇情、幽默而辛辣的對話、豐富的人性光輝，深深吸引著我。等到看完之後，彷彿是剎那之間，靈光一閃，「咦，這不就是我正在尋找的專題研究課堂上的題材嗎？」

　　從這個經驗，再度印證了「查找資料」這一件事情，往往是「踏破鐵鞋無覓處，得來全不費工夫」；或者，比較文學意味的說法，「眾裡尋他

千百度，驀然回首，那人卻在燈火闌珊處」。正所謂，朝思暮想、心領神會，因此不會視而不見，甚至可以「覺人所不覺」，別出心裁，發掘資料的另一層意義。

後來上網查了這部電影的來歷，才知道真是挖到寶了。女主角茱莉亞羅伯茲（Julia Fiona Roberts，1967~）是我一直很欣賞的演員，她星海浮沉，正是因為這部電影榮獲第七十三屆奧斯卡金像獎（2001），從此備受矚目。而那一屆奧斯卡獲獎名單可真是令人驚嘆，譬如大贏家是《神鬼戰士》（Gladiator），榮獲最佳電影、最佳男主角等獎項，而最佳外語片是由李安（1954~）執導的《臥虎藏龍》所獲得。

從此，《永不妥協》成為我在專題研究課堂上必備教材，這是相當罕見的一件事情。因為，對於在課堂上播放影片，我自己大約有以下的龜毛原則：

1. 不輕易在課堂上播放影片。

2. 即使播放，影片必須合法，換言之，應該是公播版。

3. 即使是很恰當的影片，通常也是片段播放，絕不會讓影片全程取代老師，成為課堂主角。

4. 一定全程觀看，現場掌握、感受這一班學生觀看的氛圍，「量身打造」解說、引導、討論的重點。

十幾年來，課堂上的觀看，加上偶而有線電視台的重播，時間對的話，又是興趣盎然地複習一次，保守估計，《永不妥協》這部影片應該已經看過起碼十五次以上。過去十來屆專題研究課堂上的學生，每一屆的觀看經驗都是十分投入，而且心得寫來佳作連連。

由於《永不妥協》片長大約一百二十分鐘，因此我的課堂設計是提早進教室準備，上課鐘聲一敲就播放，兩堂課中間不下課，但學生可自行離開去上廁所或辦其他必要的事情。這樣時間加總起來就是一百一十分鐘，

勉強再佔用下一個下課時間若干分鐘，就可以播放完畢。

至於讓學生書寫的學習單，通常已經事先公布、發送，而且在前一周的課堂上也有簡要的說明和預告，所以絕大多數的人都知道我播放這部影片的意圖，以及要求他們觀賞、思考的重點。

等到批改完學習單之後，再下一周上課就會進行研討，師生一起探究影片中所「示範」的研究方法與技巧，同時對於學生的作業加以指導。

以下是「學習單」表頭的說明語。依照我的慣例，學生心得書寫繳交過來的篇幅就是A4一頁（手寫者可使用兩頁），超過拒收。

背景：本片改編自一九九三年發生的真實事件。艾琳（茱莉亞羅伯茲 飾）發現辛克利小鎮水質受到六價鉻重金屬離子的污染，導致當地居民健康嚴重傷害，但這些事實卻遭到隱瞞，而罪魁禍首就是美國西岸大電力公司太平洋瓦電公司（PG&E）。艾琳於是想方設法，長期蒐集資料，調查事情的真相，並逐步取得居民的信任感，終於伸張正義，重重打擊PG&E，創下庭外和解金額三億三千三百萬美元的歷史紀錄，辛克利小鎮居民因此得到大量的賠償金。女主角茱莉亞羅伯茲因主演本片，得到奧斯卡金像獎。

問題：試從專題研究的角度，加以觀賞、理解及評析。

應該強調的是，會從「專題研究」角度觀看這部影片，是我課堂上的獨特觀點（perspective），而引導學生透過影片反思及統整專題研究進行時該具備的種種方法與態度，《永不妥協》應該是萬中選一的絕佳路徑（approach）。

當然，一部經典影片本來就允許多種觀點的「詮釋」，歷屆學生公認，環境保護、專業倫理、勞動人權、法律攻防等，也都是非常重要的觀賞、思考角度，有些學生後來自己就以另外的觀點再次觀看《永不妥

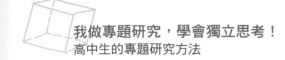

協》，一樣有深刻的心得。

老實說，多年下來，晚近的學生幾乎都已經不知道這部影片了；但在播放之後，無一例外，每一個班都能很快地聚精會神，教室氛圍因而是熱絡的，隨著劇情發展時不時發出笑聲、驚訝，或者自然而然流露出一種讚嘆的氣息、渲染著一種深思的心念，微細但清晰。

研究方法的示範

《永不妥協》是真實故事改編，Erin Brockovich學歷不高，也沒有受過任何法律專業的訓練，她憑什麼可以提供示範，讓我們學習「研究」應該怎麼進行？

這正是我在本書一開始就嘗試要分享的一個基本觀點，「研究」沒有那麼高深，小學生其實就可以進行了；而在學校的學術性向評量中原本表現並不突出的Erin，具有基本的推理能力，和一份好奇心、一股正義感，這就已經具備了做研究的絕佳基礎了。

推理能力 ＋ 好奇心 ＋ 正義感

做好研究的絕佳基礎

好奇心，讓研究得以啟動；推理能力，讓研究得以進行；正義感，讓研究得以持續（永不妥協），而且還因此深具價值。

《永不妥協》一片所示範的研究歷程和方法，對於學生而言，真的深富啟發意義。為了解說方便，以下用一種比較制式、簡約的方式呈現：

階段	研究行動	具體事例	提示
0	好奇	房地產買賣的法律文件檔案中，怎麼附帶了一疊醫療文件？	這原來是「打雜」、「打發」性質的工作。
1	蒐集資料	1. 彙整手邊資料，確認與了解這些資料內容中的重要資訊。 2. 初步訪談檔案中的當事人，發現當事人說法上的不合理處。 3. 請教在大學任教的專家關於「鉻」的專門知識，並徵詢建議。 4. 確立六價鉻對於居民健康的高度傷害，形成問題的焦點，及研究行動規劃。	太平洋瓦電公司雇用的醫生告訴當事人，他們罹患癌症與水質無關。 專家熱心地提供毒物的專門知識，並建議進一步蒐集資料的管道，以及提醒此一研究的敏感性。 水利會保存的資料屬於公共資產，根據相關法律，公民有權利可以要求查閱相關資料。
2	形成研究計畫	1. 向老闆回報將啟動調查。 2. 聽從專家建議，到地區水利會有計畫地、深入地蒐集相關檔案資料。 3. 到發電廠採集水質樣本，以及漂浮水中已死亡的青蛙樣本。 4. 請專家確認進一步蒐集到的資訊，並評估問題的嚴重性。 5. 律師事務所依據水質報告和專家意見，列為正式的工作案件。	
3	展開田野研究	1. 向更多的當事人提供完整的毒物、醫療、水質資訊，爭取支持及授權。 2. 回到水利會繼續蒐集更多的檔案資料。	設身處地，且投入情感，但逐步陷入當事人的立場，一度無法跳脫。

（續下頁）

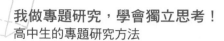
階段	研究行動	具體事例	提示
		3. 向太平洋瓦電公司正式提出賠償的要求，但談判破裂。 4. 事務所經過思考，決定法律訴訟及攻防策略。 5. 繼續在辛克利小鎮進行訪談，與當事人搏感情，深入體察、釐清問題的嚴重性。 6. 面對當事人感受、法律攻防策略之間的折衝，摸索及調整問題解決的理想方式。	經過多次激盪，可以逐步在內部觀點（emic）和外部觀點（etic）的平衡中確認解決問題的最佳方式。
4	加入新成員	1. 因資金、經驗不足，律師事務所尋求另一大型律師事務所的加入。 2.「誰能擁有田野調查資料」的爭議，以及「田野調查資料紀錄完整性」的爭議。 3. 女律師在辛克利小鎮遭受挫敗。 4. 團隊磨合，發展出合作模式。	保持客觀中立、不帶感情的調查研究方式，以及充滿法律術語的文件和解說，無法在辛克利小鎮獲得居民的認同。
5	出現關鍵證據	1. 只掌握太平洋瓦電公司在辛克利當地電廠的違法資料，總公司可以輕易切割，劃清責任。 2. 電廠員工主動提供足以證明總公司早在一九六六年即已知曉地下水被六價鉻污染、且刻意隱瞞的文件，讓案情峰迴路轉。 3. 太平洋瓦電公司庭外和解，賠償金額三億三千三百萬美元，創下美國司法史上的紀錄。	員工的親戚因電廠罔顧勞工安全防護措施，導致罹癌死亡，激起義憤。因Erin在當地已獲得居民信賴，電廠員工相信她可以主持正義。

啟示與效法

　　從本書關於「專題研究」類型的界定來看，《永不妥協》所示範的，其實是一個高潮迭起的行動方案。

　　在「研究」的部分，影片中示範了「田野研究」（field study）的觀念、方法與技巧，十分寫實，甚至傳神。除了在上表「具體事例」和「提示」欄中說明的重點之外，還有一些值得注意的地方。譬如說，Erin和老闆拜訪小鎮居民，對方好意提供點心、飲料，但老闆急著再去其他居民家拜訪，Erin卻執意要老闆留下來喝飲料、吃點心，再多聊幾句話才告辭。這就是一個相當重要的訪談技巧，可以藉此表達自己的誠意，透過分享食物、交流情感，拉起更緊密的關係。

　　學生可以鮮活地觀看到各種研究方法的操作。首先，Erin專注、有步驟地搜尋法律文件檔案、水利會檔案、專家意見，以及運用各種資料庫等，詳實地匯集一套有脈絡、有架構的文獻檔案，將零散的「資料」（data）組織、轉化為系統的「證據」（evidence），可謂做足功課，為後續一切工作的順利進展奠下厚實的基礎。

證據	是一套有結構、脈絡的資料

呈現清晰的事實和邏輯

問題或難題	因此而能夠有效解決

證據的力量

其次，「訪談」結合「參與觀察」，更是核心所在。Erin長期在辛克利小鎮的實地研究，完全投入、了解居民的日常生活及觀點，對於每一家的狀況和彼此的人際關係瞭若指掌，其研究型態根本已經達到人類學家的俗民誌研究（Ethnography Research）水準。

此外，Erin還利用社區舉辦的大型活動，自然而然地和大家互動，且把握機會發放問卷，蒐集意見，並聽取各種想法，尋找關鍵線索，發掘重要觀點，逐漸形成對於整個事件的通盤了解，回饋給律師事務所法律專業團隊，確立解決問題的策略和步驟。

在「行動」的部分，影片中最精彩的內容，莫過於和太平洋瓦電公司律師代表的談判，與當事人「感同身受」的深情交談，以及和社區居民在公開說明會上的誠摯溝通與簡明分析，爭取絕大多數人對於訴訟策略的支持和委託。

《永不妥協》還有許多值得學習和效法的部分，在這些年課堂上的師生討論中，值得分享的想法包括：

1. 在Erin眼中，她所看到的不是「研究對象」或「研究樣本」，而是「人」。

2. 不願意或無能力進行「設身處地」的理解，難以進行涉及生命或環境的研究。

3. 每一個研究行動，通常都會綜合不只一種研究方法，藉以蒐集和組織各種不同型態、觀點的資料。

4. 唯有兼顧「關懷」和「正義」，才能剛柔並濟，更圓滿地處理問題。

5. 想伸張正義，必須要下足功夫，長久堅持，光憑一時的義憤或行動，難以成事。

6. Erin能得到那一份讓案情峰迴路轉、起死回生的關鍵文件，絕不是運氣。那是透過長期在現場的參與所建立起來的信任感，促使「貴人」終於出現。唯有自己首先是別人生命中的「貴人」，才會獲得「貴人」在

自己生命中的關鍵協助。

　　7. 那一位大學教授也是「貴人」，無私協助，毫無個人利害關係的考量，顯得更加高貴。如果沒有他的善意提醒，以及熱心地提供分析發現，此案可能在一開始就胎死腹中了。大學教授的作為，具體實踐了涉及公共事務時，「專業」（profession）所應該要展現出來的承諾和良心。

做「對」的事情不懈怠，「貴人」就會出現。

Amateur 的意義

　　基於本書的一個核心關懷，關於《永不妥協》這部影片，還有一個很有價值的啟示可加以強調。

　　Erin 雖沒受過研究法的訓練，也缺乏處理整個法律案件的相關專業知識，但她憑藉誠懇、熱情，以及願意下苦功學習，從工作和行動中累積經驗和知識，終於使自己成為權威。

　　由此可知，所謂能力、本事，本來就不是與生俱來的，而是下苦功，才能夠學會的。這也就是前文曾經提過的，「有研究，才有能力」。更進一步而言，唯有願意思考、學習，以及展現帶有理想性的行動，我們才可能讓一個研究順利完成，並且充滿意義。

　　在此，我不禁想起一個英文字 Amateur，這是一個很有趣的字，一般的翻譯是「業餘者」或「外行」，這樣看起來似乎蠻不起眼的，但我們卻往往忽略了，Amateur 還有另外一個意思：「愛好者」（等同於 enthusiast、lover、fan）。就這層意義而言，其實高中生就和 Erin 一樣，都屬於「研究」的業餘者，但是 Erin 顯然發揮了 Amateur 專屬的那股熱情、專注的精神，因為沒有「專業」的包袱或執著，反而放得開，可以通權達變，可以親切隨和，講出來的話、寫出來的文字，婦孺皆曉，平易近

人。

我們會要求 Erin 先進教室學習研究法，再來進行田野研究嗎？當然不會！就《永不妥協》這部影片的情節看來，我們只要有 Erin 那種好奇心、正義感，其餘的技術或方法問題，反而都好辦。高中生正是青春洋溢，對於這個世界，通常都懷抱著一種樸實的理想性，乃至帶著熱切參與和批判的精神，這才是「做研究」最為寶貴的資產和條件！只要願意從做中學、下苦功，不出半年，許多研究的基本觀念及方法就可以駕輕就熟了。

而擁有這一身「本事」，特別是爬梳重點、邏輯思考、申論立說的能力，外加比較廣博的知識和見聞，許多「專題研究」過來人都不約而同地表示，這對於高三準備大學入學考試，包括準備學習歷程檔案，實在大有助益，甚至還因此而得心應手、勝任愉快。

有一些學生曾經問過我，是否會考慮更換《永不妥協》？說句老實話，前幾年確實開始覺得應該換換口味，因此曾經有好一陣子又是尋尋覓覓，在希望更換影片的前提下幾經努力，最後放棄，因為真的暫時沒有更好的替代選擇。

還是要熱誠地推薦這部電影，並相互期勉，在透過「研究」讓自己與世界緊密的連結中，對於是非公義之事，永不妥協。

結語
航向未來的契機

本書是我長年指導中學生進行專題研究過程中所見、所聞、所思、所感的結集，顯現出個人的實務知識（practical knowledge）；各個篇章所設定的課題，主要來自於教學現場脈絡中所反思、轉化及統整出來、具有實踐導向特質的經驗與知識，這些據以反思、轉化及統整出來的經驗和知識，既包含了經驗性知識（experiential knowledge）、事實性知識（factual knowledge）、理論性知識（theoretical knowledge），同時也涵蓋了許多默會致知的隱微知識（tacit knowledge）。

要將這些外顯或內隱知識彙整，化為篇章文字，其實沒有原來想像中簡單；不過，猶如我向來強調的「寫作是最精純的思考」，本書寫作過程中，不時出現一些新的啟發，這是既有想法和文稿之間反覆對話、激盪的結果。關於如此「新論」、「新銓」的產生，是一個很享受的過程，這正是寫作的最大樂趣之一。

指導中學生進行專題研究，目的是為了精煉閱讀、思考和寫作的能力，這屬於「成己」；同時，也包含了啟蒙和引導學生以研究行動參與和了解世界的深度期許，這屬於「達人」。

學生透過專題研究的行動，精煉了自己的閱讀、思考和寫作能力，但在過程中，他們對世界，同時也等於對自已發出了一個確切的問題，因而啟動了參與和了解世界、以及認識自己的契機。這正是「達人」和「成己」的美妙互動！

做專題研究，真的很難嗎？光是本書字數，已破十萬，而且還意猶未盡，看起來，這真是一門「大」學問。但請不要忘了書中花了一些篇幅介

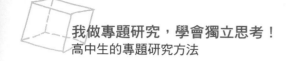

紹的《永不妥協》，以及關於amateur的闡述，只是我們願意拋棄臆測、
妄語，嘗試尋求有據有論、實事求是、設身處地的行動，那些專題研究的
方法、訣竅等自自然然就能夠上身，行以致知，甚至進而一通百通。

　　就中學生（或任何進行專題研究的人）而言，對這個世界充滿好奇，
才是永遠最重要的！懷抱「成己達人」之心，才是永遠最珍貴的！

國家圖書館出版品預行編目（CIP）資料

我做專題研究，學會獨立思考！：高中生的專題研究方法
（增訂版）／黃春木著. — 二版. — 臺北市：商周出版：
城邦文化事業股份有限公司出版：英屬蓋曼群島商家庭傳
媒股份有限公司城邦分公司發行, 民110.08
　　面；　　公分
ISBN 978-626-7012-49-9（平裝）
1. 漢語教學　2.寫作法　3.中等教育

524.313　　　　　　　　　　　　　　11001220

超高效學習術 BO0628X

我做專題研究，學會獨立思考！
高中生的專題研究方法（增訂版）

作　　　　者／黃春木
企劃選書人／林宏濤
責 任 編 輯／陳思帆

版　　　　權／黃淑敏、吳亭儀
行 銷 業 務／周丹蘋、賴晏汝、黃崇華
總　編　輯／楊如玉
總　經　理／彭之琬
事業群總經理／黃淑貞
發　行　人／何飛鵬
法 律 顧 問／元禾法律事務所　王子文律師
出　　　版／商周出版　城邦文化事業股份有限公司
　　　　　　台北市104民生東路二段141號9樓
　　　　　　電話：(02) 2500-7008　傳真：(02)2500-7759
　　　　　　E-mail:bwp.service@cite.com.tw
發　　　行／英屬蓋曼群島商家庭傳媒股份有限公司　城邦分公司
　　　　　　台北市中山區民生東路二段141號2樓
　　　　　　書虫客服服務專線：02-25007718・25007719
　　　　　　24小時傳真專線：02-25001990・25001991
　　　　　　服務時間：週一至週五上午09:30-12:00；下午13:30-17:00
　　　　　　劃撥帳號：19863813；戶名：書虫股份有限公司
　　　　　　E-mail：service@readingclub.com.tw
　　　　　　歡迎光臨城邦讀書花園　網址：www.cite.com.tw
香 港 發 行 所／城邦（香港）出版集團有限公司
　　　　　　香港灣仔駱克道193號東超商業中心1樓
　　　　　　E-mail：hkcite@biznetvigator.com
　　　　　　電話：(852) 25086231　傳真：(852) 25789337
馬 新 發 行 所／城邦（馬新）出版集團【Cité (M) Sdn. Bhd.】
　　　　　　41, Jalan Radin Anum, Bandar Baru Sri Petaling,
　　　　　　57000 Kuala Lumpur, Malaysia
　　　　　　電話：(603)90578822　傳真：(603) 90576622
　　　　　　E-mail：cite@cite.com.my E-mail

封 面 設 計／山今伴頁
內 文 製 作／黃淑華、游淑萍
印　　　刷／高典印刷有限公司
經　　　銷　商／聯合發行股份有限公司
　　　　　　電話：（02）2917-8022　　傳真：（02）2911-0053
　　　　　　地址：新北市231新店區寶橋路235巷6弄6號2樓

■ 2021年8月初版
■ 2023年10月5日初版2.7刷
定價360元

Printed in Taiwan
城邦讀書花園
www.cite.com.tw

廣　告　回　函
北區郵政管理登記證
台北廣字第000791號
郵資已付，免貼郵票

104台北市民生東路二段141號2樓

英屬蓋曼群島商家庭傳媒股份有限公司　城邦分公司

- -

請沿虛線對摺，謝謝！

書號：BO6028X　　書名：我做專題研究，學會獨立思考！　　編碼：

 商周出版

讀者回函卡

感謝您購買我們出版的書籍！請費心填寫此回函卡，我們將不定期寄上城邦集團最新的出版訊息。

不定期好禮相贈！
立即加入：商周出版
Facebook 粉絲團

姓名：＿＿＿＿＿＿＿＿＿＿＿＿＿＿＿＿＿＿＿ 性別：□男　□女

生日：西元＿＿＿＿＿＿年＿＿＿＿＿＿月＿＿＿＿＿＿日

地址：＿＿＿＿＿＿＿＿＿＿＿＿＿＿＿＿＿＿＿＿＿＿＿＿

聯絡電話：＿＿＿＿＿＿＿＿＿＿　傳真：＿＿＿＿＿＿＿＿

E-mail：

學歷：□ 1. 小學 □ 2. 國中 □ 3. 高中 □ 4. 大學 □ 5. 研究所以上

職業：□ 1. 學生 □ 2. 軍公教 □ 3. 服務 □ 4. 金融 □ 5. 製造 □ 6. 資訊
　　　□ 7. 傳播 □ 8. 自由業 □ 9. 農漁牧 □ 10. 家管 □ 11. 退休
　　　□ 12. 其他＿＿＿＿＿＿＿＿＿＿＿＿＿＿＿＿＿＿＿＿

您從何種方式得知本書消息？
　　　□ 1. 書店 □ 2. 網路 □ 3. 報紙 □ 4. 雜誌 □ 5. 廣播 □ 6. 電視
　　　□ 7. 親友推薦 □ 8. 其他＿＿＿＿＿＿＿＿＿＿＿＿＿＿

您通常以何種方式購書？
　　　□ 1. 書店 □ 2. 網路 □ 3. 傳真訂購 □ 4. 郵局劃撥 □ 5. 其他＿＿＿

您喜歡閱讀那些類別的書籍？
　　　□ 1. 財經商業 □ 2. 自然科學 □ 3. 歷史 □ 4. 法律 □ 5. 文學
　　　□ 6. 休閒旅遊 □ 7. 小說 □ 8. 人物傳記 □ 9. 生活、勵志 □ 10. 其他

對我們的建議：＿＿＿＿＿＿＿＿＿＿＿＿＿＿＿＿＿＿＿＿
＿＿＿＿＿＿＿＿＿＿＿＿＿＿＿＿＿＿＿＿＿＿＿＿＿＿＿＿
＿＿＿＿＿＿＿＿＿＿＿＿＿＿＿＿＿＿＿＿＿＿＿＿＿＿＿＿